ネイティブが教える

英語になりにくい
日本語101

デイビッド・セイン *David A. Thayne*

研究社

ネイティブが教える
英語になりにくい日本語 101
101 Very Japanese Japanese Expressions in English

PRINTED IN JAPAN

はじめに

　日本に来て早 40 年。アメリカよりも日本での生活が長くなりました。

　そんな私が、本書を通じて「母国語とは何か」ということを考えてみることができました。

　日本語は平仮名、カタカナ、漢字から成り、非常に習得がむずかしい言語と言われます。おそらく日本人の皆さんも「日本語はどの言語よりもむずかしい」と感じているのではないでしょうか。

　確かに英語はアルファベット 26 文字を中心に成り立つ言語です。ですが、英語にも日本語とはまた違ったむずかしさがあります。皆さんはそのこともきっとご存知でしょう。

　そもそも「母国語」とは何でしょうか？

　その人が一番長く生活している国の言葉がその人の母国語になるでしょうか？

　その人が幼少期を過ごした国の言葉がその人の母国語でしょうか？

　私はアメリカで生まれ育ったものの、10 代で日本語を学び始め、20 代で日本とアメリカを行き来し、20 代以降はほぼ日本に定住しています。

　今では 1 日のほぼ 6 割は日本語で、4 割は英語でコミュニケーションをはかりますが、そんな私の母国語は英語でしょうか？　それとも日本語でしょうか？

　英語教師としては、「アメリカ英語のネイティブスピーカー」として認識されます。ですが、今述べたように、今は実は英語よりも日本語を話すことのほうが少し多いかもしれません。

　もちろん私が日本語のネイティブであるはずはありません。それでも今後グローバル化が加速化するにつれ、私のようにどちらが母国語がわからない、

「母国語ジプシー」が確実に増えていくと思われます。

　その国の文化と密接に絡み合った表現や言い回しがあります。

　特に慣用句は、その国独自の精神性や文化を反映しています。

　本書で取り上げた「恩」や「お世話になる」などに、日本人の礼節が映し出されています。

　同時に「水をさす」などがそうですが、英語も日本語も同じ発想から生まれた慣用句もあります。

　どれも無数の英語の言い方があるでしょうが、その中でもっとも適切と思われる英語表現を、日本語も英語も同じくらい日々使っている「母国語ジプシー」である私が紙幅の許す限り紹介してみました。

　本書を通じて日本語と日本の文化の奥深さと、それを受けとめることのできる英語の柔軟さを感じていただけましたらうれしいです。

　私は *Asahi Weekly* 紙に「デイビッド・セインのこれを英語でどう言うの？」を連載していますが、同紙 2021 年 4 月 4 日号から 2023 年 1 月 22 日号までの同コラムに掲載された記事 48 本を大幅加筆修正の上、書き下ろし 53 本を加えて本書にまとめました。

　Asahi Weekly 紙の連載では和田明郎記者に、書籍化では研究社の金子靖さんにお世話になりました。日本を代表するふたりの英語スペシャリストに、心より感謝いたします。

2023 年春　デイビッド・セイン

本書の使い方

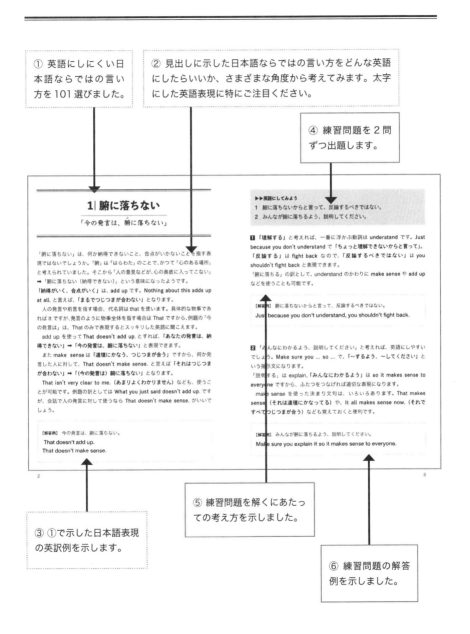

① 英語にしにくい日本語ならではの言い方を101選びました。

② 見出しに示した日本語ならではの言い方をどんな英語にしたらいいか、さまざまな角度から考えてみます。太字にした英語表現に特にご注目ください。

④ 練習問題を2問ずつ出題します。

1| 腑に落ちない

「今の発言は、腑に落ちない」

「腑に落ちない」は、何か納得できないこと、合点がいかないことを指す表現ではないでしょうか。「腑」は「はらわた」のことで、かつて「心のある場所」と考えられていました。そこから「人の意見などが、心の奥底に入ってこない」→「腑に落ちない（納得できない）」という意味になったようです。

「納得がいく、合点がいく」は、add up です。Nothing about this adds up at all. と言えば、「まるでつじつまが合わない」となります。

人の発言や前言を指す場合、代名詞は that を使います。具体的な物事であれば It ですが、発言のように物事全体を指す場合は That ですから、例題の「今の発言」は、That のみで表現するとスッキリした英語に聞こえます。

add up を使って That doesn't add up. とすれば、**「あなたの発言は、納得できない」**→**「今の発言は、腑に落ちない」**と表現できます。

また make sense は「道理にかなう、つじつまが合う」ですから、何か発言した人に対して、That doesn't make sense. と言えば「それはつじつまが合わない」→**「（今の発言は）腑に落ちない」**となります。

That isn't very clear to me.（あまりよくわかりません）なども、使うことが可能です。例題の訳としては What you just said doesn't add up. ですが、会話で人の発言に対して使うなら That doesn't make sense. がいいでしょう。

【解答例】 今の発言は、腑に落ちない。
That doesn't add up.
That doesn't make sense.

▶▶英語にしてみよう
1 腑に落ちないからと言って、反論するべきではない。
2 みんなが腑に落ちるよう、説明してください。

1 **「理解する」**と考えれば、一番に浮かぶ動詞は understand です。Just because you don't understand で「ちょっと理解できないからと言って」。**「反論する」**は fight back なので、**「反論するべきではない」**は you shouldn't fight back と表現できます。

「腑に落ちる」の訳として、understand のかわりに make sense や add up などを使うことも可能です。

【解答例】 腑に落ちないからと言って、反論するべきではない。
Just because you don't understand, you shouldn't fight back.

2 **「みんなにわかるよう、説明してください」**と考えれば、英語にしやすいでしょう。Make sure you ... so ... で、**「～するよう、～してください」**という指示文になります。

「説明する」は explain、「みんなにわかるよう」は so it makes sense to everyone ですから、ふたつをつなげれば適切な表現になります。

make sense を使った決まり文句は、いろいろあります。That makes sense.（それは道理にかなってる）や、It all makes sense now.（それですべてつじつまが合う）なども覚えておくと便利です。

【解答例】 みんなが腑に落ちるよう、説明してください。
Make sure you explain it so it makes sense to everyone.

2
3

③ ①で示した日本語表現の英訳例を示します。

⑤ 練習問題を解くにあたっての考え方を示しました。

⑥ 練習問題の解答例を示しました。

もくじ

ネイティブが教える
英語になりにくい
日本語101

1| 腑に落ちない

「今の発言は、腑に落ちない」

「腑に落ちない」は、何か納得できないこと、合点がいかないことを指す表現ではないでしょうか。「腑」は「はらわた」のことで、かつて「心のある場所」と考えられていました。そこから「人の意見などが、心の奥底に入ってこない」
➡「腑に落ちない（納得できない）」という意味になったようです。

「納得がいく、合点がいく」は、add up です。Nothing about this adds up at all. と言えば、**「まるでつじつまが合わない」**となります。

　人の発言や前言を指す場合、代名詞は that を使います。具体的な物事であれば It ですが、発言のように物事全体を指す場合は That ですから、例題の「今の発言は」は、That のみで表現するとスッキリした英語に聞こえます。

　add up を使って That doesn't add up. とすれば、**「あなたの発言は、納得できない」**➡**「今の発言は、腑に落ちない」**と表現できます。

　また make sense は**「道理にかなう、つじつまが合う」**ですから、何か発言した人に対して、That doesn't make sense. と言えば**「それはつじつまが合わない」**➡**「（今の発言は）腑に落ちない」**となります。

　That isn't very clear to me.（あまりよくわかりません）なども、使うことが可能です。例題の訳としては What you just said doesn't add up. ですが、会話で人の発言に対して使うなら That doesn't make sense. がいいでしょう。

【解答例】　今の発言は、腑に落ちない。

　That doesn't add up.

That doesn't make sense.

---

1 「理解する」と考えれば、一番に浮かぶ動詞は understand です。Just because you don't understand で「ちょっと理解できないからと言って」。「反論する」は fight back なので、「反論するべきではない」は you shouldn't fight back と表現できます。

「腑に落ちる」の訳として、understand のかわりに make sense や add up などを使うことも可能です。

【解答例】 腑に落ちないからと言って、反論するべきではない。

Just because you don't understand, you shouldn't fight back.

2 「みんなにわかるよう、説明してください」と考えれば、英語にしやすいでしょう。Make sure you ... so ... で、「～するよう、～してください」という指示文になります。

「説明する」は explain,「みんなにわかるよう」は so it makes sense to everyone ですから、ふたつをつなげれば適切な表現になります。

make sense を使った決まり文句は、いろいろあります。That makes sense.（それは道理にかなってる）や、It all makes sense now.（それですべてつじつまが合う）なども覚えておくと便利です。

【解答例】 みんなが腑に落ちるよう、説明してください。

Make sure you explain it so it makes sense to everyone.

2 | 手を替え品を替え

「彼は手を替え品を替え、呼び込みをした」

「手を替え品を替え」とは、あの手この手と、さまざまな手段で物事に対処することですね。

「あらゆる手を使う」 と考えると、do all sorts of tricks という言い回しが使えます。trick には「手口、技、うまいやり方」という「あの手この手」に近いニュアンスがあります。そのため「手を替え品を替え」に近いイメージが表現できます。

「呼び込みをする」 は、「客を呼び入れる」ですから bring in customers となり、He did all sorts of tricks to bring in customers. で、**「彼は客を呼び込むためにあらゆる手を使った」** ➡ **「彼は手を替え品を替え、呼び込みをした」** となります。

また、**「思いつくことはすべてやる」** と取れば、do all one can think of とも表現できます。think of で「思いつく」、「呼び込みをする」は「客をつかまえる」とも解釈できるので、He did all he could think of to get customers. で「彼は客をつかまえるために、思いつくことはすべてやった」、転じて「彼は手を替え品を替え、呼び込みをした」となります。

大胆に言い換えるなら、do one's best to ...（～するために**最善を尽くす**）を使って、He did his best to bring in customers.（彼は客を呼び込むために**最善を尽くした**）と表現できます。

【解答例】 彼は手を替え品を替え、呼び込みをした。

He did all sorts of tricks to bring in customers.
He did all he could think of to get customers.

4

1 trick を使い、use all trick としても、「**あらゆる手段を使う**」という意味になります。do all sorts of tricks のほうが、わざわざ all sorts of（あらゆる種類の）と言っている分、細やかなニュアンスも出せますが、use all of one's tricks も同様の意味の言い回しとして使えます。

「**私を説得しようとして**」は try to convince me ですから、He used all his tricks to try to convince me. と表現できます。

「**私を説得するために最善を尽くした**」と考えれば、do one's best to ...（〜するために最善を尽くす）を使って、He did his best to convince me. と表現できます。

【解答例】 彼は手を替え品を替え、私を説得しようとした。
He used all his tricks to try to convince me.

2 「**手を替え品を替え**」を「できる限りのさまざまな方法」と考えれば、副詞の everyway（あらゆる方法で）を使って、everyway one can（できる限りのあらゆる方法で）と言うことができます。

例題を「**われわれは商品を買ってもらうために、できる限りさまざまな方法で宣伝した**」と言い換えれば、We advertised everyway we could to promote our products. という英語にできます。

【解答例】 商品を買ってもらおうと、手を替え品を替え宣伝した。
We advertised everyway we could to promote our products.

3 | ほぞをかむ

「己の不甲斐なさに、ほぞをかんだ」

「ほぞをかむ」と言えば、すでに取り返しのつかないことを、強く悔やむことでしょう。「ほぞ」は漢字で「臍」と書き、「へそ」を示します。自分の臍を噛もうとしても不可能なことから「強く後悔すること」を表現するようです。

be disgusted with oneself は「我ながら情けない、自己嫌悪を感じる」と強い後悔が感じられる表現のため、「ほぞをかむ」の訳として適切です。「己の不甲斐なさ」は、「自分の力不足」ですから my own inadequacy と言えばいいでしょう。 I was disgusted with my own inadequacy. で、「私は自分の力不足に自己嫌悪を感じた」となり、「己の不甲斐なさに、ほぞをかんだ」という意味が表現できます。 disgusted は「嫌悪感を持った」ですから、大胆に「自分にとても失望した」と解釈すれば、I was really disappointed in myself. としてもいいでしょう。

同様の失望を表す英語表現として、I let myself down. や I failed myself. / I didn't meet my own expectations. / I didn't live up to my own standards. / I didn't try my best. などもあります。

「ほぞをかむ」は、現代の日本人でも、意味を知らない人が多い表現かもしれません。和訳・英訳は、日本語・英語双方の「妙」を確認しつつ行う、非常に高度な技術です。英訳・英作文に親しむことで、ぜひ言葉の奥深さを感じ取ってください。

【解答例】 己の不甲斐なさに、ほぞをかんだ。

I was disgusted with my own inadequacy.

I was really disappointed in myself.

▶▶英語にしてみよう

1　人からの何気ない一言に、ほぞをかむ。

2　彼女のちょっとした発言に、ほぞをかんだ。

1　「人からの何気ない（彼への）一言」は、「不特定の人が言っていた」ですから、Someone said something to him, また文脈から**「ほぞをかむ」**は rub someone the wrong way（[人]の神経を逆なでする）となります。

　どちらもポイントは「ネガティブなニュアンスを含む」ことです。

【解答例】　人からの何気ない一言に、ほぞをかむ。

Someone said something to him, and it rubbed him the wrong way.

2　「ほぞをかんだ」は、「悔しい思いをする」と言い換えることも可能です。

　動詞の tick は「カチカチと音を立てる、時を刻む」ですが、口語の **tick off** は「～を怒らせる、～をイライラさせる」です。**「彼女のちょっとした発言」**は something she said とシンプルに言い換えられます。無生物主語の文は「ありのままの情景」を映し出すため、非常にリアルなニュアンスを表現できます。

　Something she said annoyed me. や Something she said upset me./ Something she said frustrated me. や Something she said angered me. などと言い換えても同様の意味になります。

【解答例】　彼女のちょっとした発言に、ほぞをかんだ。

Something she said ticked me off.

4 | 埒が明かない

「あなたとのやり取りでは、埒が明かない」

「埒が明かない」は、物事の決着がつかないこと、勝敗がつかないことを言うのではないでしょうか。「埒」は馬を囲う柵のことで、「埒が明かない」つまり「柵が開かない」と「何も決まらない・始まらない」が語源のようです。「埒が明かない」を**「何も解決しない」**と考えれば、**not solve anything** と言えます。例題を「あなたと会話しても、何も解決しないと私は思う」と言い換えてみましょう。**talking with you（あなたとの会話）**、**not solve anything（何も解決しない）**、**I think（私は思う）**の３つを続ければ、適当な英語表現になります。

I don't think talking to you is going to solve anything. でも間違いではありませんが、**I don't think talking with you will solve anything.（あなたと会話して何かが解決できるとは思えない➡あなたとのやり取りでは、埒が明かない）**としたほうが自然で明快です。

例題を**「この（あなたとの）議論はどうにもならない」**と言い換えれば、This discussion isn't getting us anywhere. となります。

get someone anywhere で**「（人）に目的を達成させる」**ですから、否定形の **not get someone anywhere** で**「目的を達成できない」**➡「どうにもならない」➡「埒が明かない」を表現できます。

【解答例】 あなたとのやり取りでは、埒が明かない。

I don't think talking with you is solving anything.

This discussion isn't getting us anywhere.

▶▶英語にしてみよう
1 あなたでは埒が明かないと言われ、ショックを受けた。
2 埒が明かない場合は、別の人に相談しよう。

■ 「～と言われショックを受けた」は、I was shocked to be told ... です。
「あなたでは埒が明かない」は「（問題を解決する）助けにならない」と解釈
すれば、I wasn't helping (to solve the problem) と言えます。
　また「埒が明かない」を make the problem worse（問題を悪化させる）
と考えれば、I can't believe he told me I was just making the problem
worse.（問題を悪化させるだけだと言われたのは、信じられない）と表現で
きます。

> 【解答例】 あなたでは埒が明かないと言われ、ショックを受けた。
>
> I was shocked to be told I wasn't helping (to solve the problem).

■ 「問題を解決する助けにならない場合は、別の人に助けてもらおう」と解
釈すれば、英語にしやすくなります。
　If he can't help you solve the problem は、「**問題を解決する助けになら
ない時は**」です。そして just ask someone else for help で、「ちょっと別
の人に助けてもらおう」➡「別の人に相談しよう」となります。just を入れ
なくても英語として通じますが、just を入れると「ちょっと」という微妙な
ニュアンスが入り、英語として自然です。

> 【解答例】 埒が明かない場合は、別の人に相談しよう。
>
> If he can't help you solve the problem, just ask someone else for help.

5 | 寝耳に水

「彼女が結婚するとは、寝耳に水だった」

「寝耳に水」とは、不意の出来事や知らせに驚くことの、たとえとして使われるのではないでしょうか。

「寝ている時に水の音が聞こえる＝洪水などの水害」のため、そこから「（水害などの）予想もしていなかった出来事に驚くこと」を指すようになったなど、いくつか説があります。いずれにしろ、これをそのまま英語にしても意味不明ですから、工夫が必要です。

英語で**「不意の出来事に驚く」**にあたる言葉といえば、bolt from the blue や、**bolt out of the blue** が思い浮かびます。思いがけず空遠くに雷の光を見た自然現象から生まれた言葉で、日本語の「青天の霹靂」とほぼ同じように表現できます。

bolt from the blue を使って「驚き」を表現できます。Her marriage was like a bolt from the blue for me. とすれば、「彼女の結婚は、青天の霹靂のようだった」、転じて「彼女が結婚するとは、寝耳に水だった」となります。

とはいえ、bolt from the blue はやや使い古された慣用表現です。**be caught by surprise（不意打ちを食らう、驚かされる）**を使うほうがいいかもしれません。Her marriage announcement caught me by surprise.（**彼女の結婚発表は驚きだった**）と言い換えても、同様の意味になります。

> 【解答例】 彼女が結婚するとは、寝耳に水だった。
> Her marriage was like a bolt from the blue for me.
> Her marriage announcement caught me by surprise.

1　会社が合併するという知らせは、寝耳に水のできごとだった。
2　その話が寝耳に水とは、お笑いだ。

1　bolt from the blue の応用表現として、思いもよらぬ知らせを受けた時、ネイティブはよく The news of ... was like a bolt from the blue.（〜という知らせは、青天の霹靂［寝耳に水］だった）というフレーズを使います。

The news was a bolt from the blue. なら「その知らせは青天の霹靂［寝耳に水］だった」という定番表現ですから、あわせて覚えておきましょう。

問題文の**「会社の合併」**は merger の1単語ですっきり表現できます。

【解答例】　会社が合併するという知らせは、寝耳に水のできごとだった。
The news of the merger was like a bolt from the blue for me.

2　何かを笑い飛ばす際、ネイティブは決まり文句として There's no way (that) ...（〜なんてお笑いだ）を使います。catch someone by surprise で「〜に不意打ちを食らわせる」ですから、news caught her by surprise とすれば「彼女にそのニュースが不意打ちだとはお笑いだ」➡「その話が寝耳に水とは、お笑いだ」と表現できます。

日本語に近い言い方がよければ、The news caught her by surprise? What a joke!（彼女にとってそのニュースが不意打ちだって？　お笑いだ！）とすればいいでしょう。

【解答例】　その話が寝耳に水とは、お笑いだ。
There's no way the news caught her by surprise.

6 | えげつない

「彼は、えげつない商売をする」

「えげつない」は、行動や発言が露骨でいやらしく、人に不快な思いをさせることに対して使われる言い方でしょうか。「ひどい」「失礼だ」を強調し、やや蔑むニュアンスも含まれます（最近は「ヤバい」[196ページ]と同様に、ほめ言葉として使われることもあります）。

例題の **「えげつない商売」** を「汚い商売」と否定的に解釈すれば、カタカナ英語でもよく耳にする dirty business という表現が思い浮かびます。**dirty business は、商売だけでなく、さまざまな行為**に用いることが可能で、dirty のかわりに、outrageous（とんでもない）や ridiculous（ばかげた）、**absurd（不合理な）** などと言い換えることもできます。

これらの名詞に some kind of を付けることで、「ある種の」「ちょっとした」というニュアンスが加わり、「えげつない」が持つ、やや否定的な意味合いが明確になります。元の日本語にはない表現ですが、このような添え言葉（クッション言葉）を加えることで、英語がより自然になります。

シンプルに動詞は do を使い、**do some kind of dirty/outrageous/ridiculous/absurd business** で「（ある種の）えげつない商売をする」。

be involved in ...（〜に従事している）を使えば、**be involved in some kind of dirty/outrageous/ridiculous/absurd business** で「（**ある種の**）**えげつない商売に従事している**」と、よりフォーマルな表現になります。

【解答例】 彼は、えげつない商売をする。
He's doing some kind of outrageous business.
He's involved in some kind of dirty business.

▶▶英語にしてみよう
1 彼のえげつない物言いに、呆れて物が言えない。
2 あのえげつないシュートは誰にも止められない。

■■「**呆れて物が言えない**」は、can't say enough about ...（〜については言葉で言い尽くせない）で表現できます。「えげつない物言い」の「物言い」は「言葉遣い」と考えて language を使い、dirty / outrageous language で「えげつない物言い」となります。

【解答例】 彼のえげつない物言いに、呆れて物が言えない。
I can't say enough about his dirty / outrageous language.

■■「えげつない」は、時に「すばらしい」という意味でも使われます。「ヤバい」と同じく、主に若者言葉で見られる用法で、この「えげつないシュート」も、「ものすごくすばらしいシュート」という意味で使われていると考えられます。そのため「**信じられない（ほどすばらしい）シュート**」なら unbelievable close shots と、「**止められない（ほどすばらしい）**」なら unstoppable と表現できるため、両方をあわせて His unbelievable shots are unstoppable. と言えばいいでしょう。

　日本語が「表面上はネガティブな意味であるものの、あえてポジティブな意味で使われている」のであれば、英語も同じように対応したいもの。そう考えると、crazy や mindblowing を使うことも可能です。ただし、どちらも若者を中心とした限られた使い方になりますから、注意が必要です。

【解答例】 あのえげつないシュートは誰にも止められない。
His unbelievable shots are unstoppable.

7│足踏みをする

「もう5月だというのに肌寒く、季節の歩みは足踏み状態だ」

「足踏みをする」とは、①「物事が進まず同じ状態が続くこと」、または②「立ち止まったまま両足で交互に地面の同じところを踏むこと」の2つの意味があるように思います。

　例題の場合①になり、英語で表現する際、もっともよく使われるのは (at a) standstill です。standstill は名詞で「(動作や行為などのほぼ完全な) 停止、休止」という意味になり、The negotiations are at a standstill.（交渉は足踏み状態だ）／ The pandemic brought the economy to a standstill.（パンデミックは経済を足踏み状態とさせた）などと用います。

　ほかに①を表す同様の表現として、**on hold（保留の状態である）**があります。My phone is on hold.（電話が保留中です）のように使い、先ほどの例文の言い換えとして、The negotiations are on hold.（交渉は足踏み状態だ）／ The economy is on hold because of the pandemic.（パンデミックにより経済は足踏み状態となっている）などと表現できます。

「もう5月だというのに肌寒く」は、天候を表す it's ... を使って It's too cold for May.（5月にしてはあまりに寒く）と表現できます。もしくは口語的に This is ... を使い、This is pretty cold for May.（[今日は] 5月だというのにかなり寒い）とすれば、「今の実感」をリアルに伝えられます。

【解答例】　もう5月だというのに肌寒く、季節の歩みは足踏み状態だ。

It's too cold for May. It's like the seasons are at a standstill.

This is pretty cold for May. It feels like the seasons are on hold.

1　地震により、景気は足踏み状態となった。
2　行方不明の男性の捜索は足踏み状態だ。

1　句動詞の come to ... には「（良くない状態に）なってしまう」という意味があり、問題文の訳としてぴったりです。**come to a standstill** で「**景気は足踏み状態となる**」と表現できます。

「～により」と原因を表す場合、because of ... や owing to ... もありますが、報道のようなフォーマルな文では **due to ...** を用いるとカチッとしたニュアンスが出せるので、**due to the earthquake** で「**地震により**」。

　無生物主語を使い「**地震が景気を足踏み状態にさせた**」と言い換えれば、The earthquake brought the economy to a standstill. と表現できます。例題のように on hold を使うならば、The economy is on hold due to the earthquake. と言うこともできます。

【解答例】　地震により、景気は足踏み状態となった。
The economy came to a standstill due to the earthquake.

2　主語が「行方不明の男性の捜索は」ですから、直訳して The search for the missing man と無生物主語の文にしましょう。そのあとに is at a standstill を続けます。

　もしくは on hold を使い、The search for the missing man is on hold. としてもいいでしょう。

【解答例】　行方不明の男性の捜索は足踏み状態だ。
The search for the missing man is at a standstill.

8 | 頭を絞る

「客を呼び込むため、良い案がないかと頭を絞った」

「頭を絞る」とは、「何か良い方法や意見などが思いつくよう、一生懸命に考えること」を言うようです。

「絞る」を英語でどう表現したらいいでしょうか。おそらく英語でもっとも近い表現は rack one's brain(s) です。rack には「棚・ラック」の他に、「拷問・拷問台」という意味もあります。そのため動詞の場合「苦しめる、悩ます、拷問する」となり、転じて rack one's brain(s) で「**頭を（拷問を受けるかのように）悩ませる**」 ➡ 「**知恵を絞る、頭を働かせる**」となります。

　もしくは come up with ...（思いつく、考えつく）を使い、try one's best to come up with ...（一生懸命〜を思いつこうとする）などと表現しても、「頭を絞る」に近いイメージになります。

「頭を働かせる」や「いろいろと考える」と解釈すれば、use one's head/brain や think a lot などを使うことも可能でしょう。

　I used all my brain power to find a good idea.（良いアイデアを見つけるために脳をフル稼働させた）や、I thought a lot about what to do.（どうするかいろいろと考えた）も英語として自然ですが、rack や try one's best to think about ... ほどの「（何とかいろいろと考えて）知恵を絞る」といったニュアンスは出せません。

　なじみのない動詞でしょうが、ぜひここで rack を覚えてください。

【解答例】　客を呼び込むため、良い案がないかと頭を絞った。

I racked my brain(s) trying to think of a good way to bring in customers.

I tried my best to come up with a way to get more customers.

1　予算内におさめようと、我々は頭を絞った。
2　各都道府県は、感染症対策に頭を絞っている。

1　rack one's brain(s) for ways to ...（～する方法を見つけるために頭を絞る）を使い、We racked our brains for ways to stay within the budget. と表現すると、よりフォーマルな言い回しになります。

「文殊の知恵」に近いフレーズである put one's heads together（一緒に考える）を使い、We have put our heads together to stay within our budget.（予算内におさめようと、我々は頭を絞った）としてもいいでしょう。

【解答例】予算内におさめようと、我々は頭を絞った。
We racked our brains to stay within the budget.

2　ここでも rack one's brain(s) for ways to ...（～する方法を見つけるために頭を絞る）を使うのがベストです。微妙に言い回しを変えて、Local government officials are racking their brains to find ways to deal with infectious diseases. のように表現することも可能です。

もしくは struggle to ...（必死で～しようとする、～しようと四苦八苦する）を使い、Local governments around the country are struggling to find a good way to deal with the epidemic. などとしても、同様のイメージになります。「必死さ」をいかに出すかがポイントです。

【解答例】各都道府県は、感染症対策に頭を絞っている。
Local government officials are racking their brains to find a way to respond to the epidemic.

9｜顔がきく

「彼は芸能界に顔がきくから、紹介してあげよう」

「顔がきく」とは名前が知られていたり、何かしらの影響力があるために人から便宜を図ってもらえることを言うようです。

ほぼ直訳となる have face には「影響力がある」という意味があるので、似たニュアンスで使うことができますが、使う場合は状況説明がないと意味がうまく伝わりません。

「コネや人脈がある」という意味でもっとも一般的なのは、**have pull** です。pull は名詞では「強み、影響」という意味があり、have a lot of pull in ... とすれば、「〜で大きな影響力を持つ＝顔がきく」ことが表現できます。

have face と have pull の違いは、have face が「評判がいい」とクリーンなイメージで使われるのに対し、have pull はややネガティブなニュアンスがあることです。そのため「コネがある」のような否定的な意味合いで使う場合は、have pull を用います。

「影響力がある」と肯定的に考えれば、**be influential in ...（〜に影響力を持つ）**を使うこともできます。

「芸能界」は時に「エンタメ業界」などと呼ばれるように、英語では entertainment industry です。**「紹介するよ」**は「彼にあなたを紹介する」ですから、I'll introduce you to him. となります。

【解答例】 彼は芸能界に顔がきくから、紹介してあげよう。

He has a lot of pull in the entertainment industry, so I'll introduce you to him.

He's influential in the entertainment industry, so I'll introduce you to him.

---

1 父親が政治家で顔がきいたので、彼はあんな大手企業に就職できた。
2 どうしても行きたいコンサートがあったので友人に頼んだら、顔をき
   かせてチケットをとってくれた。

---

1 否定的な意味合いで「顔がきく」が使われているので、have pull を
使うのがいいでしょう。**「父親が政治家で顔がきいた」**は、His dad was a
politician and had pull です。また、「~ので」と理由を説明しているので
so that's why を使い、**「彼はあんな大手企業に就職できた」**は he was able
to get a job in such a big company と言えばいいでしょう。

　細部を言い換えて、He got a job at a big company because his father
was a politician and had pull. とすることもできます。

【解答例】 父親が政治家で顔がきいたので、彼はあんな大手企業に就職できた。
His dad was a politician and had pull, so that's why he was able to
get a job in such a big company.

2「どうしても~したい」は really を使って really want to ...、**「友人に~す
るよう頼んだ」**は I asked my friend to ... とそれぞれ表現できます。

　この場合の**「顔をきかせて」**は否定的な意味合いではないので、「影響力を使っ
て」と言い換えて、use one's influence を使って表現すればいいでしょう。

　There is 構文で、**There was a concert I really wanted to go to, so I
talked to a friend and he got me a ticket.** とすることも可能です。

【解答例】 どうしても行きたいコンサートがあったので友人に頼んだら、顔をき
　　　　　かせてチケットをとってくれた。
I really wanted to go to that concert, so I asked my friend to use
his influence to get me tickets.

10 | 先を読む

「仕事では、先を読むことが重要だ」

「先を読む」とは、今後の動向や展開を予測することですね。

これをそのまま直訳した read ahead は「先（のほうのページ）を読む」という意味になってしまうので、ここでは使えません。

「先（未来）を予測する」という意味で使う場合、anticipate や think ahead, plan ahead をよく使います。しかし anticipate がトラブルなどに対応できるよう「覚悟するイメージ」が強いのに対し、think ahead や plan ahead は積極的に行動を取る、つまり「先を読んで動くイメージ」になります。そのためここでは、think ahead や plan ahead を使うといいでしょう。

think ahead が「先のことを考えて検討する」のに対し、plan ahead は「今後の行動計画を立てる」意味合いが強くなります。例題は、「仕事で成功するには、先を読めるようになる必要がある」と言い換えられますので、**To succeed in this job, you need to be able to think ahead.** と表現できます。

主語を The ability to plan ahead（先を読むこと［力］は）とするならば、**The ability to plan ahead is important for success in this job.**（先を読むことは、仕事での成功に重要だ）などとしても、同じ意味になります。

「予測する」の動詞として、forecast を思い浮かべる人もいるでしょう。forecast は「天候」や「経済」のように、資料に基づいて何かを予測する際に用いるフォーマルな動詞です。「（何か具体的なものを）予測する」といった文であれば、forecast が使えます。

【解答例】 仕事では、先を読むことが重要だ。

To succeed in this job, you need to be able to think ahead.
The ability to plan ahead is important for success in this job.

1　世界を先読みする力を身につけたい。
2　仕事ができる人は、先読み力が違う。

1「世界を先読みする力」は、「世界で何が起きるかを予測すること」です。「予測する」を意味する動詞 forecast や anticipate を使って、forecast/anticipate what's going to happen in the world と表現できます。forecast が「(資料に基づいて何かを) 予測する」のに対し、anticipate は「(起こるかもしれないと思って) 予測する」というニュアンスの違いがあります。

「〜する力を身につける」は get better at ...ing (〜するのがうまくなる)、または learn how to ... (〜の仕方を学ぶ) を使って、解答例のほかに I want to learn how to anticipate what's going to happen in the world. とすることもできます。

【解答例】　世界を先読みする力を身につけたい。

I want to get better at forecasting what's going to happen in the world.

2「仕事ができる人」は「仕事で成功する人」と考え、People who succeed at work です。「仕事ができる人は、先読みすることができる」と解釈すれば、People who succeed at work are able to plan ahead. となります。

一般社会でも使える表現にするなら、大胆に Successful people can anticipate the future.（成功者は将来を予測することができる）などとしてもいいでしょう。

【解答例】　仕事ができる人は、先読み力が違う。

People who succeed at work are able to plan ahead.

11 | お世話になっています

「いつも田中が大変お世話になっております」

　日本人の皆さんは挨拶がわりに「お世話になっています」とよく言いますね。

　話し言葉でも書き言葉でも常日頃のやり取りへの感謝の気持ちとして使われる、非常に便利な決まり文句です。ですが、この「お世話になる」と同じ言い方が英語には存在しません。そのため「感謝の気持ち」を表す言葉に置き換える必要があります。

　この例文の場合、他者（田中）に代わって感謝の言葉を伝えているのがポイントです。「田中を助けてくれてありがとうございます」と解釈し、Thanks for helping Tanaka-san. などとも言えると思います。

　もっと丁寧に表現するなら、thank よりもフォーマルな appreciate を使い、「田中さんはあなたの助けにとても感謝しています」となる、Tanaka-san really appreciates your help. と伝えることができます。

「お世話になる」とはどういうことかを考え、「感謝を表す言葉」に置き換えることが重要です。

　自分（自社）を主語にして「いつも大変お世話になっています」とフォーマルに言いたい場合、感謝を全面的に押し出して、We're always grateful for your help. と言うことができます。

「迷惑をかけている」というニュアンスを強く出したいなら、in debt（借りがある）を使って、We're in your debt. などと表現できます。

【解答例】　いつも田中が大変お世話になっております。

Thanks for helping Tanaka-san.

Tanaka-san really appreciates your help.

1　今日は大変お世話になりました。明日もよろしくお願いします。
2　今日から1週間うちの子がお世話になりますが、どうぞよろしくお願いします。

1　慣用句を使うことが多い挨拶は、言葉通りに訳すと不自然な表現になります。英語で1日の終わりに感謝を伝える決まり文句に、置き換えましょう。

Thanks for everything today.（今日はいろいろとありがとうございました）なら、日本語と同様の挨拶になります。Thanks for all that you've done (for me) today. とも言えます。　別れの言葉の後、「明日もよろしくお願いします」と一言添えるなら、**See you tomorrow.（また明日）**がお約束。もっとフォーマルに、I'm looking forward to seeing you tomorrow.（明日お会いできるのを楽しみにしています）と伝えてもいいでしょう。

【解答例】今日は大変お世話になりました。明日もよろしくお願いします。

Thanks for everything today. See you tomorrow.

2「お世話になります」は「面倒を見てもらいます」と言い換えられると思いますので、**take care of（面倒を見る）**を使うといいでしょう。また「どうぞよろしくお願いします」は appreciate（ありがたく思う）を使って、I really appreciate it.（大変ありがとうございます）と言えば、心からの感謝が伝えられます。

【解答例】今日から1週間うちの子がお世話になりますが、どうぞよろしくお願いします。

Thanks for taking care of my daughter for a week. I really appreciate it.

12 | 相変わらず

「相変わらず忙しそうですね」

「相変わらず」とは「これまでとさほど変わった様子が見られない」として、会話の切り口によく使われますね。

　ただし、やや上から目線の言い方と受け取られることがあるようですので、目上の人やビジネスシーンでは避けたほうがいいでしょう。

「相変わらず」 は as always、もしくは as usual を使うのが一般的です。

　ただし as always なら「例外なく」ですが、as usual なら「ほぼ大体」と微妙なニュアンスの違いがあります。

　そのため You're usually so beautiful. と言うと、「あなたはいつもとても美しい（それなのに、どうして今はそうではないの？）」などと受け取られる可能性があります。このような声かけをする時は、always を使うことをおすすめします。

「相変わらず忙しそうですね」の場合、always でも usual でも英語として自然ですが、You look busy, as always. なら「いつも常に忙しそうだね」、You look busy, as usual. なら「たいてい忙しそうだね」となります。

「いつも 忙しくて大変ですね」と同情するなら、always を使うのがいいでしょう。as always や as usual ほど明確に「相変わらず」に近いニュアンスは出せませんが、You always look busy. や You're always so busy. と言っても同様の意味になります。

【解答例】　相変わらず忙しそうですね。

You look busy, as always.
You look busy, as usual.

---

1 相変わらず夫婦二人で、のんびりと過ごしています。
2 相変わらず忙しそうですね、お体にお気をつけください。

■1 「夫婦二人で」は直訳せず、**My wife (husband) and I**（妻［夫］と私は）
と表現すると、自然な英語になります。
「のんびり」は **take it easy** を使うと、うまくニュアンスが出せるでしょう。
「相変わらず」は、例題のように **as always/usual** でもいいですが、**just
like always** でも同様の表現になります。
　解答例のほか、**Just like always, my wife/husband and I are taking it
easy.**（いつもと同じように、妻［夫］とのんびりと過ごしています）とも
表現できます。

> 【解答例】　相変わらず夫婦二人で、のんびりと過ごしています。
> **My wife (husband) and I are just taking it easy like always.**

■2 　副詞の **always** でも、「相変わらず」のニュアンスを出せます。
「お体にお気をつけください」は、**Don't forget to take care of your
health.**（自分の健康に気を配るのを忘れずに➡お体にお気をつけください）
が定番表現です。
　解答例のほかに、**You seem as busy as ever. Don't overdo it. / Take it
easy.** などと言い換えることもできます。

> 【解答例】　相変わらず忙しそうですね、お体にお気をつけください。
> **You're always so busy. Don't forget to take care of your health.**

13│ひょっとして

「ひょっとして、以前お会いしたことがありますか？」

「ひょっとして」は「もしかして」と同じような意味合いで使う言葉で、確信が持てないことを発言する際の決まり文句ですね。

　このような一言を添えれば、万が一間違えた場合も、失礼にはなりません。これを英語で表現するのであれば、**maybe（もしかしたら）**を使うのが一番簡単です。

　ただし「ひょっとして」には何か驚いたようなニュアンスが含まれると思いますから、その驚きを示すなら **Could it be that ...?** を使うといいでしょう。直訳は「(それは) 〜ということになるでしょうか？」ですが、転じて**「ひょっとして〜ですか？」**となります。

「以前お会いした」は、ほぼ直訳で we met before です。maybe を使うなら、疑問文で **Maybe we met before?** と語尾を上げて言うのが英語では自然です。

　Could it be that …? を使うのであれば、that のあとに we met before をそのまま続けると、日本語と同じようなニュアンスになります。

　また Maybe や Could it be that ...? を使わず、けげんそうな表情で、Have we met before? と言えば「(ひょっとして) 以前お会いしたことがありますか？」となりますし、Do I know you? も同様に「(ひょっとして) 知り合いでしたか？」となります。

【解答例】 ひょっとして、以前お会いしたことがありますか？

Maybe we met before?

Could it be that we met before?

---

1 ひょっとして、それは私の思い違いかもしれません。
2 ひょっとして、昨日、同じ電車に乗っていたかもしれません。

1「ひょっとして〜かもしれません」は、Could it be that ...?!（ひょっとして〜かも ?!）で、日本語と非常によく似たニュアンスになります。

「それは私の思い違い」は「誤解」と解釈すれば、misunderstanding です。ちょっと驚いたように Could it be that it was my misunderstanding?! と言えば、相手も笑って許してくれるはずです。

Could it be that ...?! ほどの驚きはありませんが、助動詞の might（〜かもしれない）を使い、I might have made a mistake.（私が間違えたかもしれません）と言い換えてもいいでしょう。

【解答例】 ひょっとして、それは私の思い違いかもしれません。

Could it be that it was my misunderstanding?!

2 これもまた Could it be that ...? を使うと、思いもよらぬ驚きを効果的に伝えることができます。「昨日、同じ電車に乗っていた」は主語に we を使い、we rode in the same train yesterday をあとに続けましょう。

こちらも might を使い、We might have been on the same train yesterday.（昨日は同じ電車に乗っていたかもしれません）と言い換え可能です。

【解答例】 ひょっとして、昨日、同じ電車に乗っていたかもしれません。

Could it be that we rode on the same train yesterday?

14 | お構いなく

「(店などで) ちょっと見ているだけですから、お構いなく」

「構う」とは、「気を遣うこと、こだわること」を意味するようです。

そのため「お構いなく」は、「お気遣いなく」「気になさらずに」と相手の思いやりを丁寧に断る際の表現となります。

ほぼ直訳に近い Don't worry about me.（私のことは心配なさらずに）でもいいですが、日本語の遠回しなニュアンスを出すなら、**Don't let me bother you.** がおすすめです。

Don't let me ... は「〜させないで」、bother は「困らせる、迷惑をかける」なので、「**私にあなたを困らせるようなことをさせないで**」 ➡ 「**気にしないで**」 ➡ 「**お構いなく**」と、相手からの気遣いをやんわりと断る表現になります。

このように伝えた後、さらに **I'll be okay.**（大丈夫ですから）や、**I'm good.**（大丈夫です）などと添えれば失礼になりません。

店などで「**（商品を）ちょっと見ているだけです**」は **I'm just browsing.** または **I'm just looking around.** と言うだけでもよいですが、ひとこと「お構いなく」に当たる言葉を添えましょう。

I'm just browsing, so don't let me bother you. または、**I'm just looking around, so I'll be okay.** などと言えば、相手の気持ちも和らぎます。

【解答例】（店などで）ちょっと見ているだけですから、お構いなく。

I'm just browsing, so don't let me bother you.
I'm just looking around, so I'll be okay.

▶▶英語にしてみよう
1 偶然立ち寄っただけですから、お構いなく。
2 私にお構いなく、どうぞ会議を進めてください。

1 「偶然～しただけです」は I just happened to ...、「立ち寄る」は drop by です。「～ですから」と理由を伝えるなら so でつなぎ、丁寧な言い回しに聞こえる don't let me bother you を続ければ、ほぼ日本語と同じ意味の表現になります。

解答例のほかに「近くにいたので」と解釈して、I was in the neighborhood, so don't let me bother you.（近くにいただけですから、**お構いなく**）とも表現できます。

【解答例】 偶然立ち寄っただけですから、お構いなく。
I just happened to drop by, so don't let me bother you.

2 はじめに「私にお構いなく」と切り出すなら、Don't worry about me. と命令形で言ったほうがうまく表現できます。さらに「どうぞ～を進めてください」と進行を促したいのであれば、Just go ahead with ... が決まり文句です。

ビジネスライクに、Please go ahead with the meeting without me.（私抜きで会議を進めてください）とスマートに伝えてもいいでしょう。

【解答例】 私にお構いなく、どうぞ会議を進めてください。
Don't worry about me. Just go ahead with the meeting.

15｜よろしければ

「よろしければ、ご参加ください」

「よろしければ（よかったら）」は、相手に何か提案やお願いごとをする際に用いる言葉ですね。

「あなたさえ良ければ」を丁寧にした表現で、相手の意向をうかがい、了承を得る時の「断り文句」として使われます。

似た英語表現といえば、if you'd like です。「**あなたが好むなら**」➡「**よかったら**」と意味もほぼ同じで、日本語と同じく相手を敬うニュアンスも含まれます。

また、「**よかったら～しませんか**」と提案するなら、Maybe you could ... が使えます。直訳は「多分あなたは～できるだろうけど」ですが、転じて「よかったら～しませんか」という遠回しな提案になります。

たとえば Maybe you could come with me. と言えば、「よかったら一緒にきませんか」という誘い文句です。

if you'd like が「あなたが好むなら」とストレートに意向を聞く表現であるのに対し、Maybe you could... は婉曲的かつ柔らかな提案になります。相手との関係や状況で、より適切な言い回しを選ぶと良いでしょう。

welcome（どうぞ）や feel free to ...（遠慮なく）にも「よろしければ」のニュアンスは含まれますから、You're welcome to join us. や、Feel free to join us. などと訳すことも可能です。

【解答例】 よろしければ、ご参加ください。

You can join us, if you'd like.

Maybe you could join us.

1　よろしければ、折り返し連絡させます。
2　よろしければ、時間のある時に目を通してください。

1　フォーマルなやりとりでは、**If you'd like** を文頭に置くこともあります。
　人に連絡を指示するのであれば使役動詞の have を使い、〈have ＋目的語＋動詞〉の言い回しが便利です。解答例の他に、**If you'd like, I will have him call you back.** としても同様の意味になります。
　また「よろしければ」を if that would be helpful と、より丁寧に表現してもいいでしょう。**I can ask him to call you, if that would be helpful.（もしよろしければ、折り返し連絡させることも可能です）**としても OK です。

【解答例】　よろしければ、折り返し連絡させます。

If you'd like, I can have him call you back.

2　相手に何か依頼する際に便利なのが、「**よかったら、時間のある時に～してください**」に相当する Maybe you could ... when you have time. です。
　when you have time（時間のある時に）を添えることで、「～してください」という一方的な依頼ではなくなります。
　If you could（よろしければ）を使い、**If you could, please look it over when you have time.** としてもいいですし、解答例を **If you have a chance, maybe you could review it.** と言い換えてもいいでしょう。常に「言い換え（パラフレーズ）」を意識すると、英語力は確実にアップします。

【解答例】　よろしければ、時間のある時に目を通してください。

Maybe you could look it over when you have time.

---

16 | 気持ちだけ

「お気持ちだけ、いただいておきます」

　恐縮するほどのことをされて（時に何か物品などを差し出されて）、それを丁重に断る際の決まり文句ですね。

　この場合の「気持ち」は「誠意、気遣い」を指し、「お礼の気持ちだけもらっておきます」➡「（何か物品などの気遣いは不要なので）、感謝の気持ちだけで十分です」といった意味になります。

　いかにも日本語的な表現ですが、実はこれに非常に近い英語の決まり文句があります。それは、**Thank you, but ...（ありがたいのですが〜。ありがとうございます、しかし〜）**です。

　これはお礼を言いながらも、それを固辞する際のフレーズで、Thank you, but no thank you. や、Thanks, but no thanks. と言えば、「ありがとう、でも結構です」となります。ただしこれだとややストレートすぎ、取りつく島もない言葉に聞こえてしまうため、もう少し相手への思いやりが感じられる言葉を添えるといいでしょう。

　そこでおすすめなのが、**Thank you, but your smile is enough.（ありがとう、あなたが笑ってくれるだけで十分ですよ）**と、**Thank you, but I'm just happy you're happy.（ありがとう、あなたが幸せなら私も幸せです）**の言い方です。いずれもお礼への謝意を示しながら、多大な気遣いは不要と伝えることで、相手への思いやりがうかがえる表現になります。

【解答例】 お気持ちだけ、いただいておきます。

Thank you, but your smile is enough.
Thank you, but I'm just happy you're happy.

---

1 どうぞお気遣いなく。お気持ちだけで結構です。
2 ほんの気持ちですから、遠慮なく受け取ってください。

1 Don't worry about it. は「気にしないで」と相手の気遣いにお礼を言う際の決まり文句です。I appreciate the feeling. で「その**気持ちをありがたく思います**」なので、このふたつを続けて言えば、示された謝意に対する完璧な返礼となります。

もちろん Please don't worry about it. I appreciate the feeling. と Please をつけても OK です。ただし、Don't worry about it. は決まり文句として一般的ですから、Please をつけなくても失礼になりません。

> 【解答例】 どうぞお気遣いなく。気持ちだけで結構です。
> Don't worry about it. I appreciate the feeling.

2 この場合の「気持ち」は、「気持ち程度のささいなもの」といった意味です。そのため token（しるし、証拠）を使えば、token of one's appreciation で「**感謝のしるし**」が表現できます。

直訳に近い形で、丁寧に It's just a token of my appreciation, so please don't hesitate to accept it. としてもいいでしょう。

> 【解答例】 ほんの気持ちですから、遠慮なく受け取ってください。
> This is just a token of my appreciation. I hope you like it.

17 | がんばる

「プレゼンがうまくいくようにがんばります」

「がんばります」は、他の人に自分の「やる気」を見せる時、また自分自身への勇気づけとしても使われる言葉ですね。

これはシンプルに、直訳だと「ベストを尽くします」となる I'll do my best. や、「一生懸命やります」にあたる I'll try my hardest. を使えばいいでしょう。

通常は「〜するようがんばります」などと、目的とともに表現することが多く、どの場合もあとに to 不定詞を続けます。

「プレゼンがうまくいくようにがんばります」なら、I'll do my best to make the presentation go well. または I'll try my hardest to make the presentation go well. と言えばいいでしょう。

give ... one's all（〜に全力を尽くす）の言い回しを使って、I'll give tomorrow's presentation my all. と表現することもできます。

ただし、人に「がんばって」と声をかける時は注意が必要です。

「がんばって」を「一生懸命やって」と解釈して Work hard. と言うと、「（一生懸命やってないから）もっとがんばりなさい」と否定的に捉えられる可能性があるからです。このような場合は、Good luck. や Hang in there. といったポジティブな言い方で声をかけましょう。

【解答例】 プレゼンがうまくいくようにがんばります。
I'll do my best to make the presentation go well.
I'll try my hardest to make the presentation go well.

1　ご期待に応えられるよう、がんばります。
2　明日のテストでがんばって。

■1 「〜するようがんばります」と目的を伝えてやる気を見せるので、to 不定
詞を続けましょう。

　meet someone's expectation で「〜の期待に応える」ですが、I'll do
my best to meet your expectations. と複数形にするのが一般的です。

　解答例の他に、I'll do my best not to disappoint you.（期待を裏切らな
いよう、精一杯頑張ります）と言い換えても、意味は同じです。

　日本語ではこのようなポジティブな言葉を使うとわざとらしさを感じるか
もしれませんが、英語では自然に聞こえます。意識的に前向きな言葉を口に
すると、ネイティブ風な英語になります。

> 【解答例】 ご期待に応えられるよう、がんばります。
> I'll do my best to meet your expectations.

■2 「〜をがんばって」と励ますなら、Good luck on ... のあとに目的語を続
けて、Good luck on the test tomorrow. と言えば、「明日、テストをがんばっ
て」➡「明日のテストでがんばって」となります。on のあとにさまざまな名
詞を続ければ、いろいろな言い方ができます。

　解答例のほかに、All the best on tomorrow's test. や I hope you do
well on the test tomorrow. なども、同様の励ましの言葉となります。

> 【解答例】 明日のテストでがんばって。
> Good luck on the test tomorrow.

18 | うかがう

「率直な意見をうかがいたいです」

「うかがう」には、大きく分けて「意見を聞く」と「訪問する」の2種類の意味があると思います。

「意見を聞く」は ask を、「訪問する」は visit を使えばいいでしょう。

　文意を明確にしたいのであれば、文脈にあわせて日本語を言い換えてから英語にする必要があります。例題「率直な意見をうかがいたいです」を「私はあなたの正直な意見を聞きたいです」と取るなら、**I'd like to ask for your honest opinion.** とするのがいいでしょう。**ask for ...** で「〜を依頼する」「〜をくれと頼む」です。「あなたが本当に思っていることを知りたいです」と解釈するなら、**I'd like to know what you really think.** としてもいいでしょう。

　一方「あなたの正直な意見をいただけますか？」とたずねたいなら、疑問文の **Could I …? (〜できますか？)** を使えば、謙虚に意見をもらいたい雰囲気が出せます。さらに **have your opinion** で「**あなたの意見をもらう (聞く)**」です。

「うかがう」は、そもそも「意見を聞く」や「訪問する」を丁寧に表現した言い回しですから、I'd like to ... や Could I ...? で切り出せば、どちらを使っても同様のニュアンスが出せます。

　このような「ちょっとした気遣いの言い回し」を、うまく使えるようになると、表現力がアップします。

【解答例】 率直な意見をうかがいたいです。

I'd like to ask for your honest opinion.

Could I have your honest opinion?

1　メールアドレスをうかがってもいいですか。
2　明日、そちらにうかがわせてください。

1「メールアドレスをたずねてもいいですか？」と解釈し、**Could I ask …?**（～をたずねてもいいですか？）を使いましょう。

　ask for one's email address で「～のメールアドレスをたずねる」です。もちろん、**I'd like to ask for your email address.**（メールアドレスをうかがいたいのですが）と表現することも可能ですし、**Could I have your email address?**（メールアドレスをいただけますか？）と have を使っても、同様の意味になります。

　そこそこ親しい間柄であれば、**What's your email address?**（メールアドレスは何ですか？）でもいいでしょう。

【解答例】　メールアドレスをうかがってもいいですか。

Could I ask for your email address?

2「明日あなたを訪問したいです」と解釈し、**I'd like to …**（～したいです）のあとに「**訪問する**」の visit を使いましょう。

　これもまた、**Could I visit you tomorrow?**（明日、そちらにうかがってもいいですか？）と言い換えられます。

　解答例をよりフォーマルに表現するなら、**I'd like to visit with you tomorrow.**（明日あなたのところにうかがわせてください）と言うこともできます。

【解答例】　明日、そちらにうかがわせてください。

I'd like to visit you tomorrow.

---

19 | 念のため

「念のため確認させてください」

「念のため」とは、「相手を信じてはいるものの、何かあっては大変なので、万が一に備えて」といった意味の言い回しですね。

「念を押して」「念には念を入れて」なども、同じような意味合いになります。相手への再確認や自らへの注意喚起をする際に口にするフレーズで、確実に物事を進めたい時に用いられるのではないでしょうか。

ほぼ同じ意味になるフレーズに、**just to be safe** と **just in case** があります。just to be safe は just to be on the safe side（起こり得る問題を回避するために）を、just in case は just in case something bad happens（何か悪いことが起きたときのために）を短くしたものとされ、いずれもあらゆる状況で使えます。どちらかといえば、just in case がよりくだけた言い方です。

「もしものために、万が一〜の場合には」と訳すこともありますが、If ... よりもくだけたニュアンスがあります。

just to be safe と **just in case** は、ともに文頭にも文尾にも、また平叙文にも疑問文にも使える便利な言い方です。

また「確認させてください」は、「（私に）〜させてください」と依頼する際の表現 could you let me ...? を使いましょう。

【解答例】 念のため確認させてください。

Just to be safe, could you let me check this?
Just in case, could you let me check this?

▶▶英語にしてみよう
1 念のため、明日の予定をお知らせします。
2 念のため電話番号を教えてもらえますか。

1 何かを連絡する際によく使う「〜をお知らせします」は、Let me tell you ... で表現できます。要件を伝えたあとに just to be safe/just in case と続ければ、「念のため伝えておきますよ」と注意を喚起することができます。just to be safe を使って、Just to be safe, I'll let you know my schedule for tomorrow. としても OK です。

【解答例】 念のため、明日の予定をお知らせします。
Let me tell you tomorrow's schedule, just to be safe.

2 お願い事をする際に just to be safe/just in case を続ければ、慎重さが示されます。特に電話番号やメールアドレスといった個人情報を聞く際は、just to be safe/just in case をつけることで、「（悪用のつもりはなく）万が一何かあった時のために聞いているんですよ」というニュアンスを伝えられます。

Could you ...? を使うなら、Could you give me your phone number, just in case? としても同じ意味になります。

May I ...?（〜してもいいでしょうか？）なら May I have your phone number, just in case? と訳せますし、Would it be all right if ...?（もし〜してもいいでしょうか？）を使って Would it be all right if I had your phone number, just in case? とすることも可能です。

【解答例】 念のため電話番号を教えてもらえますか。
Could I have your phone number, just in case?

20｜失礼します

「お忙しいところ失礼します、少しお時間をいただけますか」

「失礼します」は大きく分けて、①相手に敬意を表した「断りの一言（前もって了承を得る際の決まり文句）」、②先に退席することを「詫びる一言」の2つの意味で使われると思います。

　①の場合、I know you're busy, but ... と言えば、日本語の「**失礼します**」とほぼ同じニュアンスになります。I know you're busy, but ... の直訳は「**お忙しいとは思いますが〜**」ですが、転じて「**（お忙しいところ）失礼ですが〜**」と相手の話をさえぎるような無礼を許してもらう際の決まり文句にもなります。先に忙しい相手に思いやりを示し、but 以下で本来の趣旨を伝える定番表現です。I hate to interrupt, but ...（お邪魔して心苦しいのですが…）も同様の意味で使えます。

　一方、②は退席の挨拶ですから「お暇する」際に使えます。

　I have to go now.（もう行かないと）や See you again.（また会いましょう）などの決まり文句を使いましょう。

「少しお時間をいただけますか」は、丁寧に言うなら Could I have a minute of your time?（あなたの時間を少しいただけますか？）、くだけた状況で使うなら Do you have a minute?（少し時間はありますか？）です。

　ちなみに a minute は、「1分」ではなく「**ちょっとした時間**」を表します。

【解答例】　お忙しいところ失礼します、少しお時間をいただけますか。

I know you're busy, but could I have a minute of your time?

I hate to interrupt, but do you have a minute?

---

1 明日は早いので、今日はこれくらいにしましょう（これで失礼します）。
2 突然のご連絡で失礼します。ABC の鈴木ですが、先日の資料をいただ
くことはできますか。

1 「明日は早いので」は「明日は早く始めなければならない」と考えて、
We have to start early tomorrow. と表現できます。「今日はこれくらいにし
ましょう」は、定番表現 call it a day が使えます。

【解答例】 明日は早いので、今日はこれくらいにしましょう（これで失礼します）。
We have to start early tomorrow, so let's call it a day.

2 この場合、ネイティブなら This is Suzuki from ABC. Could I ask you
to send the files from the other day? などと言うのが自然です。

日本人はつい「失礼します」と口にしますが、英語ではそう言いません。
あえて英語にするなら、I hope I'm not interrupting anything, but（お邪
魔でなければいいのですが）という一言を添えるか、I'm Taro Suzuki from
ABC, and I was wondering if I could have a copy of the files from the
other day. といった丁寧な言い回しを使うと謙虚さが示せます。

【解答例】 突然のご連絡で失礼します。ABC の鈴木ですが、先日の資料をいただ
くことはできますか。
I hope I'm not interrupting anything, but this is Suzuki from ABC.
Could I ask you to send the files from the other day?

21 | ご面倒をおかけします

「ご面倒をおかけしてすみません」

　人に迷惑をかけたことを詫びる際の決まり文句ですね。

　英語にしにくいのは、「ご面倒をおかけして」の部分でしょう。

「面倒」とは煩雑で煩わしいこと、厄介なことです。やや不快に思う「ネガティブなニュアンス」を出すのがポイントですから、trouble もしくは inconvenience を使うのが効果的です。

「すみません」は謝罪の定番フレーズ I'm sorry for ... もしくは I apologize for ... を用い、そのあとに名詞か動詞の ing 形を続ければ、応用表現も可能です。

　問題文は、all the trouble もしくは the inconvenience を続ければ表現できます。all the trouble とすれば「すべての（あらゆる）厄介ごと」の意味が出ますから、決まり文句として覚えてしまうといいでしょう。

　似た言い回しとして、I'm sorry for being a headache. や I'm sorry for being a pain in the ass/butt. などネイティブはよく使います。ただし ass（お尻）はやや下品な言葉ですから、headache を使うのが無難です。

　または Sorry for being a pain. もよく使います。

　headache は「頭痛の種」ですが、転じて「厄介ごと」を示します。pain in the ass は「不快なこと、面倒なこと」を指します。こちらは trouble や inconvenience に比べてくだけた表現に聞こえますから、親しい間柄でのみ使うようにしましょう。

【解答例】　ご面倒をおかけしてすみません。

I'm sorry for all the trouble.

I apologize for the inconvenience.

42

1　ご面倒をおかけするかもしれませんが、ご検討ください。
2　ご面倒をおかけしますが、よろしくお願いします。

1「〜をおかけするかもしれませんが」は I know it might be ... , but ... または I know it's …, but ... のフレーズでうまく表現できます。「〜かもしれない」という仮定の might を使い、その後の but 以降で本来言いたいことを伝えるのがポイントです。何か言いにくいことを伝える際によく使う表現です。何か依頼ごとをするのであれば、**could you …?**（〜していただけませんか）を続けるといいでしょう。

　決まり文句の We apologize for any inconvenience（ご迷惑をおかけします）を使った、We apologize for any inconvenience this may cause. と言い換えることも可能です。

【解答例】　ご面倒をおかけするかもしれませんが、ご検討ください。
I know it's probably a hassle, but could you think about it?

2　I know it's an inconvenience, but ... で、「ご面倒だとわかっていますが」➡「ご面倒をおかけしますが」という意味が表現できます。このあとに your help would be appreciated を添えると、「あなたのお力添えが助けとなります」➡「あなたが頼りです」➡「よろしくお願いします」という意味合いを示すことができます。決まり文句を使って、We apologize for the inconvenience, but thank you for your cooperation. と言い換えられます。

【解答例】　ご面倒をおかけしますが、よろしくお願いします。
I know it's an inconvenience, but your help would be appreciated.

22 | あらためて

「あらためて御礼申し上げます」

「あらためて」は、「もう一度」「またの機会に」という意味で使われますね。

何らかの動作を繰り返す際に使われるので、「あらためて」は again で表現できます。「あらためてお詫びします」「あらためて感謝いたします」と言うと、「強調」の意味が表現されます。

ややフォーマルで重々しい意味合いも含まれているので、その部分を読み取って英語にするのがポイントです。

「あらためて〜申し上げます」は、I would like to ... again などと表現すれば、日本語に近いニュアンスになります。

「御礼申し上げます」は、シンプルに thank you でもいいですが、日本語の格式ばった言い方を再現すれば、**express one's gratitude（感謝の意を表す）**を使うといいでしょう。

I'd like to ... でも問題ありませんが、省略せずに I would like to ... としたほうが、よりかしこまったイメージになります。

目上の人やクライアントにフォーマルに伝えるなら **I would like to express my gratitude again.** を、気軽に伝えるなら **I would like to thank you again.** などと使い分けてください。

I would like to ... のあとに続く「御礼申し上げます」の部分を、thank you once more や offer my thanks again などと言い換えることも可能です。

【解答例】 あらためて御礼申し上げます。

I would like to express my gratitude again.
I would like to thank you again.

1　あらためてご挨拶の機会をいただければと思います。
2　あらためてご連絡させていただきます。

1　「あらためて〜させていただければと思います」は、I would be very grateful ... again. を使うのが効果的です。be very grateful で、重々しさが表現できます。「ご挨拶の機会をいただく」は、ほぼそのまま if you could give me the opportunity to visit you とすることができます。もう少しくだけた言い方にするなら、We'd appreciate the opportunity to ... （〜する機会をいただければありがたいです）を使い、We'd appreciate the opportunity to meet with you again. と表現できます。

【解答例】　あらためてご挨拶の機会をいただければと思います。
I would be very grateful if you could give me the opportunity to visit you again.

2　「あらためて〜させていただきます」は、1よりはくだけた言い方ですから、I'm looking forward to ... again を使えばいいでしょう。
「ご連絡させていただく」は「連絡する」ですから contact you です。
　be looking forward to のあとには名詞（動名詞）が続きますので、ここは be looking forward to contacting となります。
　We'd like to ... （〜したいです）を使って We'd like to contact you again. としてもいいですし、「連絡する」を「話をする」と考え I'm looking forward to talking to you again. とすることも可能です。

【解答例】　あらためてご連絡させていただきます。
I'm looking forward to contacting you again.

23 | さすがに

「さすがにその締切では間に合いません」

「さすがに」は、それまでの状況から考え、改めて判断しなければならない
ような時に使いますね。「どう考えても」「どうしても」などと言い換えるこ
とができると思います。

　例題のように、「さすがに〜できません」と否定形で用いられると、強調の
意味も加わります。英語に同じような表現はないので、言い換えてから英語
にするのがいいでしょう。

「どう考えてもその締切では間に合わない」➡「その締切に間に合わせるの
は絶対に不可能だ」とすれば、〈There's no way ＋文〉（〜は絶対にない）や、
助動詞の never（絶対に〜ない）を使って表現できます。

　no way や never は「絶対に（ない）」という強い意味を含むので、「さす
がに〜ない」という全否定のニュアンスもうまく伝えられます。

　未来表現は、will あるいは be going to を使って、「締切に間に合わない」
は meet a deadline（締切に間に合う）を否定形で表現します。

　これらをつなげて、There's no way we're going to meet that deadline.
または We'll never meet that deadline. とします。

　It's impossible for us to meet that deadline. や We're not going to
make that deadline. / We won't be able to meet that deadline. などと
言い換えることも可能です。

【解答例】　さすがにその締切では間に合いません。

There's no way we're going to meet that deadline.

We'll never meet that deadline.

---

1 さすがに私どもでも（その仕事を引き受けるのは）むずかしいです。
2 さすがにそれは無理ではないですか？

1 「私たちですらむずかしい」と言い換えると英語にしやすくなります。
「その仕事は私たちにはむずかしい」は That job is difficult for us. ですし、
「〜ですら」を意味する副詞の even を添えれば、強調のニュアンスが出せます。仮定法の would を使って、That job would be difficult even for us.
とすればいいでしょう。

また It ... to ... **構文**を使って、It would be difficult even for us to do
that job. とすることもできます。

> 【解答例】 さすがに私どもでも（その仕事を引き受けるのは）むずかしいです。
> **That job would be difficult even for us.**

2 問題文は「それは無理ではないですか？」というストレートな表現を和らげるために、「どう考えても」を意味する「さすがに」が添えられていると読めるのではないでしょうか。

Isn't that pretty much impossible?（それはかなり無理ではないですか？）
と、ちょっと大げさに言えば、きびしい意味合いを和らげて表現できます。

大胆に言い換えるなら、**That would be impossible.（それは不可能でしょう）**と言うことも可能です。

> 【解答例】 さすがにそれは無理ではないですか？
> **Isn't that pretty much impossible?**

24｜遺憾

「このような結果となり、はなはだ遺憾です」

「遺憾」とは、そもそも期待したようにならず、残念に思うことではないでしょうか。やや格式ばった言い方だと思います。

「残念だ」「悲しい」といった感情を、客観的かつ堅苦しく言い表すことで、フォーマルな感じが出せます。

いかにも日本語的な「言わなくてもわかる」という曖昧なイメージがあるので、行間の意味を読み取って英語にする必要もあるかもしれません。英語らしく明確に心情を表すことが大切です。

「このような結果となり」は、These results（これらの結果）と直訳してもいいですし、It ... that ... 構文（〜は〜だ）を使うこともできます。

「心残りだ」という気持ちを表現するなら regrettable を、「残念だ」なら unfortunate を用いるとよいでしょう。

「〜は心残りだ」は ... is/are regrettable を、「〜は残念だ」は It's unfortunate that ... に当てはめると、言いたいことを表現できます。

「はなはだ」は「非常に」のような強調表現です。very や really で表現でき、一般的に very がフォーマルで、really がくだけた口語的な表現です。

解答例の他に、These results are very disappointing / very discouraging / really unsatisfactory / really frustrating などとしても同様の意味になります。

【解答例】 このような結果となり、はなはだ遺憾です。

These results are really regrettable.

It's very unfortunate that things turned out this way.

---

1 この度の過失に対し、心から遺憾の意を表明します。
2 遺憾ながら、明日の会議は欠席させていただきます。

■1 「〜を表明します」は I would like to express、「遺憾の意」は「もっとも心の奥底からの後悔」と考えて、my deepest regret の決まり文句をあてましょう。「この度の過失」は、「今回の失敗」と考えて、this failure が使えます。

　謝罪を表明するには、くだけた状況なら I'd like to express ... でよいですが、公式の場なら短縮形を使わずに I would like to express ... と表現しましょう。I'm very sorry for this mistake.（この度は誠に申し訳ございませんでした）や、I apologize from the bottom of my heart for this error.（この度は誠に申し訳ございませんでした）と言うこともできます。

【解答例】 この度の過失に対し、心から遺憾の意を表明します。
I would like to express my deepest regret for this failure.

■2 「遺憾ながら」は副詞の regrettably を使うと、うまくニュアンスが伝えられます。Regrettably, ... とはじめに副詞を置くと意味は強調されますが、フォーマルな表現になります。副詞を冒頭に置く言い回しは、何かを強調する際の常套手段です。「明日の会議は欠席させていただきます」は、シンプルに訳すなら I'll be absent from tomorrow's meeting. です。I'm afraid を使い、I'm afraid I won't be able to attend tomorrow's meeting.（残念ながら、明日の会議に参加できません）と表現することも可能です。

【解答例】 遺憾ながら、明日の会議は欠席させていただきます。
Regrettably, I'll be absent from tomorrow's meeting.

25 | 忖度

「仕事を進める上で、社長の意向を忖度する必要がある」

「忖度（する）」とは、立場が上の人の意向を推測し、それをもとに行動するという意味で主に用いられるでしょうか。

近年、報道でよく使われるようになりました。
本来は「人の気持ちを考えて察する」という意味でしたが、最近は「顔色をうかがう」「機嫌をとる」に似た、ネガティブな意味合いで用いられています。英語にする際は、「推測する」に相当する guess を用い、目的語として「何（誰）に対する推測か」を続けるといいでしょう。

think でも意味は通りますが、guess には「証拠がない状況で真意や答えを推測する」という「一方的に解釈する」意味が含まれるため、ここでは guess を使うのが最適です。

「社長の意向を忖度する」を「社長が何を考えているか推測する」とすれば guess what the president is thinking となり、「社長がどのような気持ちでいるか推測する」なら guess what kind of mood the president is in となります。president の部分を言い換えれば、さまざまな応用表現を作ることができますから、覚えておいてください。

「仕事を進める上で」は、To get things done（仕事をするために）、もしくは Before we do something（物事を始める前に）と言えば伝わります。

【解答例】 仕事を進める上で、社長の意向を忖度する必要がある。

To get things done, we have to guess what the president is thinking.
Before we do something, we have to guess what kind of mood the president is in.

---

1 政権の意向を忖度するメディアは信用できない。
2 忖度のない判断を期待している。

1 問題文を「政府を客観的に見ることができないメディアは信用できない」と考えると、英語にしやすいです。「メディアは信用できない」は I don't trust media とし、そのあとに that を続けて media の説明をしましょう。

「政府を客観的に見ることができない（メディア）」は、that can't look objectively at the government です。

「政府が何を望むか常に推測しようとするメディアは信用できない」と考えれば、I can't trust media that always tries to guess what the government wants. とすることもできます。

【解答例】 政権の意向を忖度するメディアは信用できない。

I don't trust media that can't look objectively at the government.

---

2 「期待している」は、I want you to ...（〜してもらいたい）を使うと効果的に表現できます。「判断」は「自主的に決断する」と考え、make independent decisions を、「忖度のない」は「私が何をしたいかを推測しようとしない」と取って、without always trying to guess what I might want と表現すればいいでしょう。解答例のほかに、I'm hoping for a fair decision.（公正な判断を期待したい）や、I hope we get an objective decision.（客観的な判断が下されることを期待します）なども可能です。

【解答例】 忖度のない判断を期待している。

I want you to make independent decisions without always trying to guess what I might want.

---

26 | お力添え

「お力添えのほど、よろしくお願いします」

「お力添え」は、「支援」「手助け」を目上の人に対して使う言い方ですね。これに相当する英語として help や support、aid、assist があります。個々のニュアンスの違いを見ていくと、aid は状況が悪い中で大勢の人を助ける際に用い、assist は人が何かをするのを手伝う際に、support は人が何かを失敗しないよう手助けする際に用います。

「助ける」という意味でもっとも一般的な語は help で、広くさまざまなものを支援する際に用いることができます。どれを使うべきか判断がつかない時は、help を使えば問題ありません。

「お力添えのほど、よろしくお願いします」は「手助けをしていただけるとありがたいです」と言い換えられますから、**I would greatly appreciate ...（〜していただけると非常にありがたいです）**や、**... would be greatly appreciated（〜は大変ありがたいです）**といった表現をあてればいいでしょう。どちらも丁寧さを伝えられます。

また **greatly（非常に）**のような強調表現を使うと、よりリアルな気持ちが伝えられます。

助動詞の would は丁寧な気持ちを示すことができます。うまく使いこなしましょう。

【解答例】 お力添えのほど、よろしくお願いします。

I would greatly appreciate your help.
Your help on this would be greatly appreciated.

---

1 これまでのお力添えに、心から感謝しております。
2 選挙でお力添えいただけますか？

■「これまでの」は so far で表現できるため、「これまでのあなたの全手助け」と解釈し、all your help so far となります。

「心から感謝しております」は、I very much appreciate ... のように very much を前に置くと強調されるため、「心から」のニュアンスをうまく出すことができます。ややフォーマルに、I'd like to thank you from the bottom of my heart for all the help you have given me.（今までお世話になったことに、心から感謝します）や、I truly appreciate all your assistance over the years.（長年に渡るご協力に心から感謝いたします）、We couldn't have achieved such success without your assistance.（このような成功を収めることができたのは、皆さんの協力があったからです）などと言い換えることも可能です。

【解答例】 これまでのお力添えに、心から感謝しております。

I very much appreciate all your help so far.

■ help のようなシンプルな語で表現する場合は、助動詞の would や could を使うと丁寧な気持ちを表すことができます。**Could you …?**（〜していただけますか？）の依頼表現を使って切り出すといいでしょう。

疑問形にせず、**I'd/We'd like you to help me/us in the election.**（選挙に協力してほしいのですが）としても OK です。

【解答例】 選挙でお力添えいただけますか？

Could you help me/us in the election?

27 | 了承

「(この件) ご了承いただければ幸いです」

「了承」は、人の申し出や事情をくんで承知する際に用いる言葉ですね。

やや上から目線のニュアンスがあるため、基本的に目上の人が使います。

上司やお客様に対して使う場合、「ご了承いただく」などと、丁寧語をつけて用いるといいでしょう。

「了承」は「理解」と考え、understanding や approval に言い換えられます。

単なる「理解、合意」であれば understanding で十分ですが、「承認」「是認」といった意味合いを出すならば approval がおすすめです。

「幸いです」は、「大変ありがたいです」という意味合いの丁寧表現ですから、感謝を伝える際の定番表現 **... would be greatly appreciated** を使うと、うまくフォーマルなニュアンスを出せます。

この表現を「これで OK してもらえるといいのですが」くらいの、日常会話でも気軽に使える表現にするならば、決まり文句の **I hope you can go along with this.** を使うといいでしょう。**go along with** …で**「～に賛成する、同意する」**です。

一方、シンプルな表現とするなら、接客でおなじみの Thank you for your understanding. でもいいでしょう。

同じ意味の言葉でも、気軽な表現とフォーマルな表現の両方を覚えておくと、臨機応変に使い分けることができます。

【解答例】(この件) ご了承いただければ幸いです。

Your approval / understanding would be greatly appreciated.
I hope you can go along with this.

1 急な話で申し訳ありませんが、この件、ご了承いただけると助かります。
2 この変更に関し、ご了承いただけますか？

1 「急な話」「直前の連絡」に相当する言葉が short notice で、日常会話で
よく使う「突然、ごめん」は I'm sorry for the short notice. です。

そのあとに ..., but I hope you'll be able to ... として、先ほどの言い回し
を続けましょう。

全体を微妙に言い換え、Sorry about the short notice, but I'd appre-
ciate your understanding on this matter.（急な話で申し訳ありませんが、
この件、ご理解をお願いします）としても OK です。

> 【解答例】 急な話で申し訳ありませんが、この件、ご了承いただけると助かります。
> I'm sorry for the short notice, but I hope you'll be able to go along
> with this plan.

2 「〜していただけますか？」という丁寧な依頼表現は、Could we ask you
to ...? を使うとうまくニュアンスが出せます。

「〜を了承する」は、会話などでは句動詞の go along with ... を使うと、こ
なれた言い回しに聞こえます。

カジュアルに、Can I get your okay on this change?（この変更に OK を
出してもらえますか？）としても、丁寧さの違いはあるものの、言わんとす
ることは同じです。

> 【解答例】 この変更に関し、ご了承いただけますか？
> Could we ask you to go along with this change?

28｜癒される

「猫の動画を見ていると癒される」

「癒される」とは、何らかの外的要因により心が穏やかになること、辛い思いなどが和らぐことですね。「癒しの効果」を持つ音楽を「ヒーリング・ミュージック（healing music）」などと言いますが、元の動詞 heal は、病気や外傷などを「癒す、治す」際に用いる語です。よって、ここでは使えません。

　例文のように「心を癒す」と表現したいのなら、relax や形容詞の relaxing を用いるといいでしょう。「〜は癒される」は、... is/are really relaxing と形容詞の relaxing を使ってもいいですし、... help me relax と使役動詞 help と relax で表現することもできます。

　例題の「**猫の動画**」は cat videos と複数形になります。ちなみになぜ複数形かというと、この場合「猫の動画というものは」と、1 本の動画ではなく一般的に存在する複数の動画を指すからです。Do you like cats?（猫が好きですか？）と複数形で聞くのと同じ理由です。

　シンプルに be 動詞で Cat videos are really relaxing. としてもいいですし、Watching cat videos（猫の動画を見ることは）と動名詞を主語にして（この場合、単数形です）helps me relax と続けてもいいでしょう。

　心のより深い平安を表したいなら、**give someone a sense of peace（〜に平和な気持ちを与える）** とも表現できます。

【解答例】　猫の動画を見ていると癒される。

Cat videos are really relaxing.
Watching cat videos helps me relax.

---

1 子供の寝顔に癒される。
2 一杯のコーヒーが、私にとっての癒しだ。

1 「子供の寝ている顔を見ることは、私に心の平和を与える」と言い換えられます。Looking at my sleeping baby と動名詞を主語にし、そのあとに gives me a sense of peace を続ければ自然な英語表現になります。

have soothing effect on ... で「〜の（疲労）回復効果がある」です。これ を 使 っ て、The sleeping face of a child has a soothing effect on me.（子供の寝顔は疲労回復効果がある➡子供の寝顔に癒される）とも表現できます。

【解答例】 子供の寝顔に癒される。

Looking at my sleeping baby gives me a sense of peace.

2 「一杯のコーヒー」を A cup of coffee として無生物主語の文にすれば、自然な英語表現になります。「私にとっての癒しだ」は「とても私をくつろがせる」と解釈して、really helps me relax です。helps と s をつけることを忘れずに。

やや難易度の高い動詞ですが、unwind（[緊張がとれて] くつろぐ、リラックスする）も使えます。この場合、A cup of coffee helps me unwind. と表現できます。calming（心を落ち着かせる）を使い、A cup of coffee is very calming for me. としてもいいでしょう。

【解答例】 一杯のコーヒーが、私にとっての癒しだ。

A cup of coffee really helps me relax.

29｜よろしく

「どうぞよろしくお願いします」

「よろしく」は、さまざまな状況や意味合いで使われますね。

「どうぞよろしくお願いします」は、挨拶や何かを依頼したりする際など、実にさまざまな状況で使われます。人への挨拶として使う場合は、英語の決まり文句 It's a pleasure to meet you. などをあてればいいでしょう。

「お会いできてうれしいです」➡「よろしくお願いします」と、相手に会えた喜びを伝えることができます。

また、人に何か頼み事をする際は、英語でも Thank you for your help. などと普通、一言添えます。

「お力添えありがとうございます」➡「どうぞよろしくお願いします」と、相手の力添えに対して感謝の気持ちを表現できます。

このような決まり文句は、厳密に意味を翻訳して使うのではなく、状況に応じた言い方をするのが一番です。

初対面の人には Nice to meet you. と言うことがよくありますが、これも取り方によっては「どうぞよろしくお願いします」となります。

メールの末尾に Best regards. と書けば、「どうぞよろしくお願いします」の意味になります。

臨機応変に、さまざまな「どうぞよろしくお願いします」を使い分けてください。

【解答例】 どうぞよろしくお願いします。

It's a pleasure to meet you.
Thank you for your help.

---

1 「〜がよろしくとのことです」は、… says hi/hello で意味が十分に伝わります。hi や hello という挨拶には、「よろしく」という意味が込められていますから、Say hi/hello to your mother. で「お母さんによろしくね」と十分表現できます。

丁寧な言い方をしたいなら、give/send someone's (best) regards to …（〜に [くれぐれも] よろしくお伝えください）を使って、My mom gives/sends her (best) regards.（母が [くれぐれも] よろしくと申しております）としてもいいでしょう。

【解答例】 母が、よろしくとのことです。
My mother says hi/hello.

2 1で紹介したフォーマルな表現、give/send one's (best) regards to …（〜に [くれぐれも] よろしくお伝えください）を使うといいでしょう。

The president of our company sends his best regards. で「社長が『くれぐれも、よろしく』と申しております」となります。

解答例のほかに、The president gives his regards. としてもいいですが、ここでは say hi/hello は失礼な言い方になります。他に、his warmest regards や his kindest/sincere/fondest/heartfelt regards などとしてもいいですし、his best wishes や his greetings としてもいいでしょう。

【解答例】 社長が「くれぐれも、よろしく」と申しております。
The president of our company sends his best regards.

30 | 不甲斐ない

「不甲斐ない気持ちでいっぱいです」

「不甲斐ない」には、「情けない」「意気地がない」の意味も込められているように思います。

　自分に対して使えば、己の力不足を嘆く謙虚な言葉に聞こえますが、人に対して用いると否定的な言い回しになり、失礼な印象を与えてしまうかもしれません。

　例題は、自分の至らなさを悔いる際の決まり文句です。仕事で目上の人に謝罪とともに使うことが多い言葉ですが、英語にする際はその「申し訳なさ」をうまく表現したいものです。

「不甲斐ない気持ちでいっぱい」とは、「自分が役に立てないことを悔いる」ことを意味するため、useless（役立たず）や incompetent（[仕事などにおいて]無能な、不適任な）を用いるといいでしょう。

　I feel really incompetent. や I feel so useless. と表現すれば「（自分を）**とても役立たずに感じます**」➡**「不甲斐ない気持ちでいっぱいです」**という意味が表現できます。他に、I feel like a failure. / I feel like I'm not good enough. / I feel inadequate. / I feel like I'm not capable. / I feel helpless. などとしても同様の意味になります。

　I feel ... は「〜のように感じます」と、自分の思いをフォーマルに伝えることができます。人に対して謙虚に思いを伝える際に用いるといいでしょう。

【解答例】　不甲斐ない気持ちでいっぱいです。

I feel really incompetent.
I feel so useless.

1　冒頭の例題を、さらに深く詫びる際の言葉です。

「痛感する」は「十分に理解している」と考え、I fully understand ... とやや大げさに表現すると、申し訳なさが伝わります。

「自分の不甲斐なさ」は、「いかに自分が役立たずか」と言い換えて、how useless I am で表わせます。

I am painfully aware of my weaknesses.（**自分の弱さを痛感しています**）、I'm so disappointed in myself.（**自分自身に失望しています**）、I'm just the worst.（**私こそが最悪です**）なども、同様の意味になります。

> 【解答例】　自分の不甲斐なさを痛感しています。
> I fully understand how useless I am.

2　**「～は残念だ」**は、何かを嘆く際の決まり文句 It's unfortunate that ... を使いましょう。end the way it did で「その通り（残念な結果）に終わり」➡「**不甲斐ない結果に終わり**」となります。

多少表現を変えて、I'm sorry for the disappointing result.（**残念な結果になってしまい申し訳ありません**）と言うこともできます。

また、It's too bad that it ended the way it did.（**あのような終わり方をして非常に残念です**）としてもいいでしょう。

> 【解答例】　不甲斐ない結果に終わり残念です。
> It's unfortunate that it ended the way it did.

31 | お疲れ様

「お疲れ様です」

「お疲れ様です」は相手の労をねぎらう言葉ですね。何か作業をしている人に対して呼びかける時や、仕事を終えて先に退社する人に一言声を掛ける時など、よく耳にします。

目上の人に使うべきでない言葉と思われがちですが、本来は相手を選ぶことなく使えるようです。これに相当する言い方が英語にはないので、状況に応じてさまざまな挨拶表現を使い分けましょう。

作業をしている人への声かけの場合、それに相当する英語は、Hi. や Hello. といった定番フレーズです。

一方、帰宅時の声かけとして使う時は、**Have a good evening.** や **See you tomorrow.** などの別れの言葉に置き換えることができます。

単に、Bye.（さようなら）とだけ伝えるのではなく、相手への気遣いを示すことで、「お疲れ様」と同様のニュアンスを表現できます。人からの声かけに対して返事をする場合は、Thanks. をつけるといいでしょう。

もしくは「お疲れ様（よくやった）」と仕事を労うなら、Well done! や **Good job!** でもいいですし、**How's your day, today?（今日はどうだった？）** と声を掛けても「お疲れ様」と同様の意味を表現することができます。

作業をしている人を労わる声が「お疲れ様」になりますから、その場にふさわしい言い方を考えてみてください。

【解答例】 お疲れ様です。

(Thanks.) Have a good evening.

(Thanks.) See you tomorrow.

1　お疲れ様です。お先に失礼します。
2　夜遅くまで、お疲れ様です。

1　自分から声を掛ける時の言い方です。**Thanks for your help today.** で「今日は手伝ってくれてありがとう」と、相手の労を労うことができます。そのあとに **I have to go now.**（私は行かなければいけない➡お先に失礼します）と続ければ、定番の別れの挨拶になります。くだけた言い方ですが、**Sorry, but I need to leave now.**（すみませんが、そろそろ失礼します）や、**I'm done for the day.**（今日はここまで）なども状況によっては使えます。

　退出する際の決まり文句として、ほかに See you tomorrow. I'm off now.（また明日、お先に失礼します）や Have a great evening/night. I'll talk to you tomorrow.（お疲れ様です。また明日）、I'm heading out now. See you tomorrow.（お先に。また明日）などもあります。

> 【解答例】　お疲れ様です。お先に失礼します。
> Thanks for your help today. I have to go now.

2　「夜遅くまで（仕事をしてくれて）ありがとう」と感謝の気持ちを表すなら、**Thanks for staying late today.** が最適です。**Thanks for …**（〜してくれてありがとう）のあとに、何に感謝しているか伝えるといいでしょう。for のあとに動詞を続けるなら、ing 形にします。**Thanks for working late today.** と stay のかわりに **work** も使えます。

> 【解答例】　夜遅くまで、お疲れ様です。
> Thanks for staying late today.

32 | できたら

「できたら明日までにお返事をいただけますか」

「できたら」は、「もし可能であれば（〜してほしい）」と要望をやんわりと伝える際に添える言葉ですね。

「明日までにお返事をいただけますか」と言うこともできるでしょうが、それでは相手の状況も考えず、こちらの一方的な希望を伝えることになります。

そのため「不可能なら結構ですが、もし可能であれば（〜してほしい）」と相手の気持ちに配慮した表現が、「できたら」という一言になります。

この一言がなくても通じますが、あるとないとでは、受け取る側の気持ちも変わります。

目上の人に対する時や、ビジネスで丁寧にやり取りする必要がある時は、このような「ワンクッション置く」ような言い方を考えてみましょう。

「できたら」を言葉のまま「可能であれば」と解釈すれば If possible が使えますし、「さほど面倒でなければ」と考えれば If it's not too much trouble です。多少言い換えて、Could you let me know by tomorrow, if possible? や、Would it be possible for you to give me an answer by tomorrow? などとしても、同様の言い回しになります。

その後、「〜していただけますか」とたずねるなら、could you ...? を使って表現すればいいでしょう。何度も繰り返し使うと「くどい」と思われてしまいますが、効果的に使えば、礼儀正しい印象を与えられます。

【解答例】 できたら明日までにお返事をいただけますか。

If possible, could you give me an answer by tomorrow?

If it's not too much trouble, could I get your answer by tomorrow?

1　できたら今日の午後お会いしたいのですが。
2　できたらお会いしたいのはやまやまですが（会えません）。

1「できたら〜したいのですが」と自分の要望を伝える際は、**If possible, I'd like to ...** が定番表現です。If possible と謙虚な言葉のあとには、直接的な I want to ... より、丁寧さが伝わる **I'd like to ...** を使うのがいいでしょう。

　if 節は文の前半にも後半にも使うことができ、**I'd like to see you this afternoon, if possible.** という言い方もできます。

【解答例】　できたら今日の午後お会いしたいのですが。

If possible, I'd like to talk with you this afternoon.

2「できたら〜したいのですが、できません」と断る際は、**I would like to ... if at all possible, but I'm afraid I can't.** を使うといいでしょう。I'd like to ... のさらに丁寧な言い方は、I'd を使わない **I would like to** …です。

　この **if at all possible** は、if possible よりも丁寧な言い方になります。何かを断る際は、できるだけ丁寧な言葉遣いで、最後に **but I'm afraid I can't**（しかし残念ながらできません）と言えばいいでしょう。

　I'd love to meet you if I could, (but I'm afraid I can't)（できればお会いしたいのです［が、残念ながら無理です］）と表現することも可能です。but I'm afraid I can't までしっかり言わなくても、**I'd love to meet you if I could.**（できればお会いしたいのですが）と言えば「会えない」ことは伝わります。

【解答例】　できたらお会いしたいのはやまやまですが（会えません）。

I would like to visit with you if at all possible, (but I'm afraid I can't).

---

33 | やるせない

「苦労が報われず、やるせない」

「やるせない」とは自分の力ではどうすることもできず、むなしい思い、切ない思いをすることですね。

英語にはそのままの言い方がありませんから、言い換えなければなりません。例題は、「自分の努力が無駄になり、残念だ」と言い換えることが可能だと思います。

「努力」は英語にするのがむずかしい言葉で、effort という名詞を思いうかべる人が多いかもしれませんが、「努力」の言葉が持つイメージを英語にするなら、hard work が適切だと思います。

最近は「ハードワークする」などカタカナ語で使われるようになりましたが、All my hard work, または All that hard work で**「私の懸命の努力」**となります。

for nothing で**「何もならない、無益に」**なので、All my hard work was for nothing. とすれば**「私の努力は無駄になった」**ことが表現できます。

「やるせない」はどうにもならない辛い気持ちを表すでしょうから、I feel miserable.（惨めに感じる）や I feel crushed.（傷ついた）などと大げさに表現すれば、この感じが出ます。

イコールになる言い回しのない表現を英語にするのは苦労しますし、まさに hard work ですが、これこそ翻訳の見せどころです。

【解答例】 苦労が報われず、やるせない。

All my hard work was for nothing, and now I feel miserable.
All that hard work for nothing. I feel crushed.

▶▶**英語にしてみよう**

1　失敗続きで、やるせない思いでいっぱいだ。

2　やるせない胸の内を、誰かに明かしたい。

1　「**失敗続きで**」は「次々と失敗した」と考えれば、I made one mistake after another. と表現できます。

「**～して、～だ**」と２つの文は原因と結果の関係になるため、つなぎ言葉として , and now を入れると、スムーズに２つの文がつながります。

「失敗ばかりで後悔でいっぱいだ」と考えて、I'm full of regret because of all my failures. としても、ほぼ同じ意味になります。

【解答例】 失敗続きで、やるせない思いでいっぱいだ。

I made one mistake after another, and now I feel miserable.

2　「**やるせない胸の内**」を「自分がいかに傷ついたか」と解釈すれば、how crushed I feel と表現できます。

「**誰かに明かしたい**」は「～を誰かに共有したい」と考えて、I want to share ... with someone を使うといいでしょう。

　I want to share how ... I feel with someone. で「いかに～（な気持ち）か、誰かに明かしたい」となります。

　I want to tell someone what's on my mind.（胸の内を誰かに伝えたい）と「表情を感じさせる」言い方もできます。

【解答例】 やるせない胸の内を、誰かに明かしたい。

I want to share how crushed I feel with someone.

34 | スカッとする

「悩み事を解決でき、スカッとした」

「スカッとする」は、さっぱりして非常に気分がいい感覚を伝えますね。

ずっと苦労していた、悩んでいたものが解消した時、また瞬間的な気持ちよさを感じる時に、用いられると思います。

スポーツをした後の爽快感や、**It feels so good to ...（〜することはとても気分がいい）**を使うと、うまくニュアンスが伝えられます。

so good の代わりに **great** と言い換えても、同じような意味になります。

また瞬間的なニュアンスを出したいなら、「まさに今」を表現する **Now that** をつけるといいでしょう。話の切り替えにも使える、便利な一言です。「悩み事を解決する」は **fix the problem（問題を解決する）**でもいいですし、**not have to worry about it（心配無用だ）**と言い換えることもできます。

これらを続けて、**Now that I fixed that problem, it feels great.** とすれば、「問題を解決できたので、気分がいい」➡「悩み事を解決でき、スカッとした」。**I feel amazing now that I've fixed that problem.** と言い換えてもいいでしょう。

または **It feels so good to not have to worry about that.** で「心配無用となりとても気分がいい」➡「悩み事を解決でき、スカッとした」となります。**I feel so much better now that I've fixed that problem.** としてもOKです。

【解答例】 悩み事を解決でき、スカッとした。

Now that I fixed that problem, it feels great.
It feels so good to not have to worry about that.

---

1 1日の終わりの一杯は、スカッとする。
2 サウナに入ってスカッとしたい。

1 これは「1日が終わって飲むアルコールは、とても気分がよい」と解釈して It ... to ... 構文を使い、It feels so great to have a beer after a long day. と表現できます。「1日が終わって」は after a long day（長い1日が終わって）とすればいいでしょう。

Nothing's better than ...（〜は最高だ）を使い、Nothing's better than a beer at the end of the day.（1日の終わりに飲むビールは最高だ）と表現することもできます。

【解答例】 1日の終わりの一杯は、スカッとする。

It feels so great to have a beer after a long day.

2「サウナに入りたくてたまらない。サウナに入ったらすごく気分がいいだろうな」と考えましょう。

「〜したくてたまらない」は I can't wait to ... を使うと、うまく渇望感を表現できます。また「〜したらすごく気分がいいだろうな」は、It ... to ... 構文を使い、It would be so great to ... としましょう。would を使うことで「〜だろうな」というニュアンスを出すこともできます。

直訳に近い I want to get in a sauna and feel refreshed. としても、「サウナに入ってスカッとしたい」と同様の意味合いになります。

【解答例】 サウナに入ってスカッとしたい。

I can't wait to get in a sauna.

It would be so great to get in a sauna right now.

35│歯がゆい

「思い通りの結果を出せず、歯がゆい」

「歯がゆい」とは「自分の思い通りにならず、苛立たしいこと」を意味すると思います。日本語の感情表現は独特なものが多いので、言い換えてみるといいでしょう。

「イライラする」感情を表す形容詞の frustrating や annoying を使うと、その感じをうまく表現できます。まずは状況を説明し、そのあとに It's so frustrating/annoying ... と続けると、日本語と同じように**「非常に苛立たしい」➡「歯がゆい」**という意味になります。

　気持ちを表す言い回しでは、あえて so や really といった大げさな表現を添えることで、「心からの思い」が伝わります。

「思い通りの結果を出せず」は「何もかも計画通りにいかず」と考え、Nothing is going according to plan の言い方が使えます。

　Nothing is ... で「何もかも～だ」、go according to plan で**「計画通りに行く」**です。**「物事が計画通りにいかない」**と解釈して、Things don't go according to plan. としてもいいでしょう。

　形容詞の frustrated や annoyed を用いる場合は、get annoyed や get frustrated のように、get ＋形容詞の形で表現することもできます。

　ちなみに、人に対して「歯がゆい思いをさせる」なら、irritate（イライラさせる）を使うといいでしょう。Don't irritate me. で「イライラさせるな」➡「歯がゆい思いをさせるな」となります。

【解答例】 思い通りの結果を出せず、歯がゆい。

Nothing is going according to plan. It's so frustrating.
Nothing is going according to plan. It's so annoying.

1　子供のやる気のなさが歯がゆい。
2　何もできない自分が歯がゆい。

1　これは「子供があまりにやる気がないので、イライラする」と解釈すると、英語にしやすくなります。**「あまりに〜なので、〜だ」** は so ... that を使うといいでしょう。**「やる気」** は motivation が使えますから、**「やる気がない」** は not have any motivation と表現できます。**「〜にイライラする」** は I get so frustrated with ... ですから、I get so frustrated with kids that don't have any motivation. となります。

「歯がゆい」に少し似た英語のフレーズ set someone's teeth on edge には「（人）に不快感を与える」という意味があります。これを使い、**My son's lack of motivation sets my teeth on edge.** と言うことも可能です。

【解答例】　子供のやる気のなさが歯がゆい。

　I get so frustrated with kids that don't have any motivation.

2「何もできない」は I can't do anything, そしてそんな自分に **「歯がゆい＝イライラする」** は and it's so annoying と表現できます。I can't do anything and it's so annoying. と and でつなげば、「それで、だから」といったニュアンスが出せます。

多少、説明的な言い方になりますが、**I can't seem to do anything right, and it's so frustrating.** としても同様の意味になります。

【解答例】　何もできない自分が歯がゆい。

I can't do anything and it's so annoying.

36│感激する

「社長から直々にほめてもらい感激した」

「感激する」は、何かに強く心を動かされることですね。

　英語は比較的大げさな表現の多い言葉ですが、意外にも「感激する」を端的に1語で表現できる動詞はありません。

　impress を思い浮かべるかもしれませんが、例文の状況で使うと違和感があります。

　このような場合、受動態の be blown away（圧倒される、感動する）で表現するか、もしくは I can't believe（信じられない［ほど驚く］➡感動する）などと言い換えるのがいいかもしれません。

「社長から直々にほめてもらう」は、the president complimented me directly（社長が直接ほめてくれた）、または the president gave me a compliment in person（社長から直接おほめの言葉をいただいた）などと表現できます。

　I can't believe を用いるなら、「社長が個人的にほめてくれたのは信じられない（➡信じられないほど感動した）」と解釈して、I can't believe the president gave me a compliment in person. と表現できます。

　I can't believe the president gave me a personal compliment. も比較的よく使われる表現です。

【解答例】 社長から直々にほめてもらい感激した。

I was blown away when the president complimented me directly.
I can't believe the president gave me a compliment in person.

▶▶英語にしてみよう
1 試合で優勝し、感激した。
2 子供の成長した姿を見て感激している。

1 be blown away by ... ならば「〜により感激した」と表現できます。「優勝」は victory ですから、I was blown away by our victory. で「**優勝により感激した**」➡「**試合で優勝し、感激した**」となります。

　無生物主語の文は、リアルな感情を伝えることができるため、ネイティブは多用します。Winning the game was thrilling!（**試合で勝ちゾクゾクした！**）などと表現しても、同様の感激の気持ちを伝えられます。

【解答例】　試合で優勝し、感激した。
I was blown away by our victory.

2 I can't believe how …（とても〜で信じられない）を使いましょう。「子供の成長があまりにも早くて信じられない（➡信じられないほど成長が早くて感激している）」と考えれば、I can't believe how fast the children have grown. と表現できます。

　動詞の overwhelm には「（非常に強い感情を起こさせて人を）圧倒する」というニュアンスがあるので、I was overwhelmed to see my all-grown-up son.（**すっかり大きくなった息子を見て圧倒された**）などと表現しても同様のイメージを伝えられます。

【解答例】　子供の成長した姿を見て感激している。
I can't believe how fast the children have grown.

37｜呆気にとられる

「あまりの知らせに、呆気にとられた」

「呆気にとられる」とは、何か想定外のことに遭遇して驚き呆れたり、どうすればいいかわからず呆然とすることでしょうか。

　本書で紹介する表現は、英語でなかなか表現しにくいもの、似たような表現がないものが中心ですが、今回はそうではありません。

　ご存知ない方も多い、比較的むずかしい単語ではありますが、形容詞の **dumbfounded** と **flabbergasted** で**「呆気にとられる」**の意味を表現できます。

　dumbfounded と flabbergasted の違いは、flabbergasted には腹立たしさが含まれるのに対し、dumbfounded はほぼ驚きのニュアンスのみです。そのため、基本的に深刻な状況では dumbfounded を使いますが、最近はネイティブでもさほど区別せずに使う人が多く、どちらかといえば flabbergasted のほうが日常的によく用いられます。

　驚いた際のフレーズとして I'm shocked!（驚いた！）がよく使われますが、今後、呆気にとられるほどの驚きに出会った際は、ぜひ **I'm flabbergasted!（呆れた！）** や **I'm dumbfounded!**（びっくりした！）と言ってみてください。**「あまりの知らせ」**は「良くない知らせ」と考えられますから、**terrible（ひどく悪い）**を使ったり、**bad news（悪い知らせ）**と表現したりすればいいでしょう。

【解答例】 あまりの知らせに、呆気にとられた。

The news was so terrible that I was dumbfounded.
I was flabbergasted when I heard the bad news.

▶▶英語にしてみよう

1 友達が突然結婚して、呆気にとられた。

2 呆気にとられている間に、カバンが盗まれた。

1 「〜して呆気にとられた」なので、I was dumbfounded/flabbergasted when I ... と言えます。「**友達が突然結婚して**」は「友達が突然、結婚したのを聞いて」ということですから、I was dumbfounded/flabbergasted when I heard my friend suddenly got married. となります。

形容詞の stunned（呆然として）を使って、I was stunned when my friend suddenly got married.（友人の突然の結婚に呆然とした）と表現してもいいでしょう。

> 【解答例】 友達が突然結婚して、呆気にとられた。
> I was dumbfounded/flabbergasted when I heard my friend suddenly got married.

2 まず最初の「**呆気にとられている間に**」は、When I was standing there dumbfounded /flabbergasted とし、「**カバンが盗まれた**」は「誰かが私のカバンを盗んだ」ということですから、When I was standing there flabbergasted, someone stole my suitcase. と言えます。

stunned を使い、I was so stunned that I didn't notice that someone stole my suitcase.（呆然としていて、カバンを盗まれても気づかなかった）と表現することもできます。

> 【解答例】 呆気にとられている間に、カバンが盗まれた。
> When I was standing there flabbergasted, someone stole my suitcase.

38 | 水くさい

「隠し事をするなんて、水くさい」

「水くさい」とは、何でも話し合えるような親しい間柄なのに、隠し事をするなんて、と伝えたい時に使うのではないでしょうか。

　英語では、I thought we were friends.（友達だと思っていたのに）や、I thought we were family.（家族だと思っていたのに）というような言い方をします。いずれも「自分はそう思っていたのに、あなたはそう思ってはいなかったのですね」といったニュアンスを含みます。

「隠し事をする」は keep a secret ですから、まずは Why are you keeping that a secret?（どうして隠し事をしていたの？）と切り出してから、I thought we were friends や、I thought we were family と続けると、いいでしょう。

　もしくは You're keeping secrets from me? Don't you trust me?（隠し事をしているの？　信頼していないの？）などと言い換えても、同じような意味になります。疑問形にして、Are you hiding something from me? Do you not trust me?（何か隠しごとをしているの？　私を信頼していないの？）としてもいいでしょう。

　よそよそしい態度や言葉遣いをする相手に、There's no need for formalities.（かしこまる必要はありませんよ）と言うこともできます。

【解答例】隠し事をするなんて、水くさい。

Why are you keeping that a secret? I thought we were friends.
You're keeping secrets from me? Don't you trust me?

▶▶英語にしてみよう

1 私たちは水くさい間柄ではなかったはずだ。

2 同じ釜の飯を食べているんだから、水くさいことは言わないで。

1 問題文は「私たちは友達だと思っていたのに（水くさい）」と言い換えられますから、先ほどの I thought we were friends. でずばり表現できます。

I thought we were closer than that. でも、**「私たちはもっと仲がいいと思ってた」➡「そんな水くさい間柄ではなかったはずだ」**という意味が表現できます。

【解答例】 私たちは水くさい間柄ではなかったはずだ。

I thought we were friends.

2 「同じ釜の飯を食う」とは、同じ場で苦楽を共にする仲間であることを意味すると思います。

そこで「ここではみんな仲間だから、かしこまる必要はありませんよ」と考えて、We're all friends here, so there's no need for formalities. などと表現すればいいでしょう。

「同じ釜の飯を食う」を eat at the same table（同じテーブルで食事をする）と表現して、We eat at the same table, so you don't have to treat me like that.（同じテーブルで食事をしているのだから、そんな扱いをする必要はないだろう）としても、同じ意味が伝えられます。

【解答例】 同じ釜の飯を食べているんだから、水くさいことは言わないで。

We're all friends here, so there's no need for formalities.

39｜水をさす

「合意に水をさす発言は許せない」

「水をさす」とは、それまで順調であった物事の進行や人の交流を阻害するような行為・発言を指すと思います。

　今回の例題を訳すにあたり、突然ではありますが damper（ダンパー）という装置をご存知でしょうか？　これは車やピアノ、ドアに使われ、振動などを吸収する緩衝材のようなものです。

　この damper を使った **put a damper on ...** という言い回しが英語にあります。直訳すれば「〜にダンパーを置く」ですが、転じて**「〜に水をさす、〜の勢いをそぐ」**という意味で使われ、例題にぴったりな言い回しとなります。

　このフレーズを使って、**「許さない」**は not forgive,**「合意」**は agreement ですから、あわせて We can't forgive him for putting a damper on the agreement. という英語にできます。

　似た言葉に**「冷や水を浴びせる」**がありますが、これは「水をさす」よりやや厳しく相手の意気込みをくじく行為・発言になります。
「冷や水を浴びせる」にも、英語にほぼ同じ表現があります。**pour cold water on ...（〜に冷や水を浴びせる、相手の意気込みをくじく）**を使って、We can't forgive him for pouring cold water on the agreement. と表現できます。**「合意を台無しにするなんて信じられない」**と言い換えて、We can't believe he would try to ruin the agreement. などとしてもいいでしょう

【解答例】　合意に水をさす発言は許せない。

We can't forgive him for putting a damper on the agreement.

We can't forgive him for pouring cold water on the agreement.

---

1 彼の一言が、合併のムードに水をさした。
2 話に水をささないでもらいたい。

1 「彼の一言」は「彼が言ったこと」と考えれば、What he said となります。「合併のムード」は mood of the merger, 「水をさした」は先ほどの put a damper を使います。あわせて What he said put a damper on the mood of the merger. と表現できます。

　同様の言い回しに throw a wet blanket on ... があります。直訳すれば「〜に濡れた毛布を投げる」ですが、転じて「**〜に水をさす、勢いをそぐ**」という意味で用いられます。これを使って、His statement threw a wet blanket on the mood. と表現できます。

> 【解答例】 彼の一言が、合併のムードに水をさした。
> What he said put a damper on the mood of the merger.

2 これまでにご紹介した言い回しを使えば、I don't want you to put a damper on the conversation. という英語にできます。句動詞 bring down（盛り下げる）を使って、I don't want you to bring the conversation down. としてもいいでしょう。

　日常的には、I don't want you to interrupt me. という言い方がされることが多いと思います。「話の邪魔をしないで」といった意味で使われますが、言い方によってはフォーマルな表現になります。

> 【解答例】 話に水をささないでもらいたい。
> Please don't put a damper on things.

40 | ヒヤリとする

「会議に遅刻しそうになり、ヒヤリとした」

「ヒヤリ」は、ある種のオノマトペと言えます。 日本語は擬音語、擬態語が独特で、英語にする際に苦労します。

でも、この「ヒヤリ」は同じような表現が英語にあります。the chills もしくは the shivers です（この場合、定冠詞の the ＋複数形）。名詞の chill は「冷たさ、恐怖、おののき」、shiver は「（寒さや恐怖などによる）震え、冷たさ」を表すので、ここはピッタリです。状況を表したあとで、..., it gave me the chills/shivers とすれば「〜に冷たさを覚えた」➡「〜にヒヤリとした」という感じを表現できます。

〈..., it gave me the ＋名詞〉で感覚を表す言い回しは、オノマトペの擬態語を翻訳する際に便利ですから、ぜひ覚えておきましょう。

It was scary.（ゾッとした）や、It scared the wits out of me.（ギョッとした）のように、単に恐怖を表す言い方にすることもできますが、「冷たさ」の感覚を持つ the chills/shivers でぜひ表現してみてください。

「会議に遅刻しそうになり」は、I thought I was going to ...（〜すると思った）、または I was worried about ...（〜が心配である）につづけて be late for the meeting（会議に遅刻する）と言えば、うまく表現できます。

【解答例】 会議に遅刻しそうになり、ヒヤリとした。

I thought I was going to be late for the meeting, and it gave me the chills.

I was worried about being late for the meeting, and it gave me the shivers.

---

1 運転中、歩行者が飛び出してきてヒヤリとした。
2 誰もいない部屋から物音が聞こえ、ヒヤリとした。

■1 「運転中、歩行者が飛び出してきて」は、「運転していると歩行者が飛び出してきた」と解釈して、I was driving along and a pedestrian jumped out in front of me. と表現できます。「**ヒヤリとした**」の部分は、先ほどの It gave me the chills/ shivers. をあとに続ければ大丈夫です。ここでは長くなるので2文に分けた方がいいでしょう。

　When I was driving（運転中）で始め、When I was driving, a pedestrian jumped out in front of me. It was a near-miss.（**運転中、歩行者が目の前に飛び出した。ヒヤリとした**）とすることもできます。

【解答例】 運転中、歩行者が飛び出してきてヒヤリとした。

I was driving along and a pedestrian jumped out in front of me.
It gave me the chills/shivers.

■2 「**何もない部屋から音がするのが聞こえた**」を英語にすると、I heard a sound coming from an empty room. となります。「音」は特に限定しないので、a sound と不定冠詞になります。そのあとに and it gave me the chills/shivers を続けます。

　解答例の他に、I heard a noise from an empty room. It creeped me out.（**誰もいない部屋から物音がした。ゾッとした**）とすることも可能です。

【解答例】 誰もいない部屋から物音が聞こえ、ヒヤリとした。

I heard a sound coming from an empty room and it gave me the chills/shivers.

41 | 胸がいっぱいになる

「母の言葉に、胸がいっぱいになった」

「胸がいっぱいになる」は、喜びや悲しみといったさまざまな感情で心が満たされた状態を表すと思います。

英語に直訳した fill one's heart も同様の意味で使えますが、これは喜びに対してのみ使います。

さまざまな感情に対して使える言い回しとして、句動詞の get to があります。シンプルな動詞＋前置詞・副詞で構成される句動詞はあまりに意味がたくさんあるので、日本人の皆さんは使い分けに苦労するかもしれません。でもネイティブは逆で、シンプルな言い方にもかかわらずさまざまな意味を表現できるので、句動詞を多用することになります。

get to はその最たる例で、「感動を与える」や「悪影響を与える」、はたまた「イライラする」「（精神的に）こたえる」など、喜怒哀楽に対して用いることができます。

問題文を「母の言葉が私の胸をいっぱいにした」と考えてみましょう。主語となる「母の言葉」はそのまま My mother's words として、前向きな意味で捉えるなら filled my heart (with joy)、悲しい意味合いを含むなら really got to me（とても［精神的に］こたえた）と続けることができます。

このような場合、really を使うことでより自然な英語表現となるので、ぜひ覚えておきましょう。

【解答例】 母の言葉に、胸がいっぱいになった。

My mother's words filled my heart (with joy).

My mother's words really got to me.

1　悲しそうな彼女を見て、胸がいっぱいになった。
2　感謝の気持ちで胸がいっぱいになり、何も言えなかった。

■**1**　「**悲しそうな彼女を見て**」は、主語を Seeing that sad girl とすると端的に表現できます。この look at は「見ること、一見」。have [take, give] a look at...（～をちょっと見る）のように使います。

　悲しいニュアンスの文ですので、**really get to** で表現しましょう。文全体を過去形にし、Seeing that sad girl really got to me. とします。

　Her sadness filled my heart.（悲しそうな彼女の姿で胸がいっぱいになった）も同様の意味が表現できます。

【解答例】　悲しそうな彼女を見て、胸がいっぱいになった。
Seeing that sad girl really got to me.

■**2**　「**感謝の気持ちで胸がいっぱいになり**」は fill one's heart を受動態にします。「何も言えなかった」は、「一言も言うことができなかった」。そのあとに I couldn't say a word. と続けましょう。

　多少表現を変えて、My heart was filled with gratitude and I couldn't say anything.（感謝の気持ちで胸がいっぱいになり、何も言えなかった）と言うこともできます。I was too grateful to say anything.（あまりのうれしさに何も言えなかった）としても、同じ意味になります。

【解答例】　感謝の気持ちで胸がいっぱいになり、何も言えなかった。
My heart was filled with appreciation and I couldn't say a word.

42 | 水に流す

「これまでのことは水に流そう」

「水に流す」とは、過去にあったことを忘れ、なかったことにする時に使う言い方ですね。

　同じ「水」を使った表現に That's water under the bridge. がありますが、これは「終わったことだから悩んでも仕方がない」と、「諦め」の心境を表わします。

「水に流す」を「すべて忘れる」と考えれば、**Let's forget about that.（そのことは忘れよう）**という英語にできます。これは定型表現で、過去の何か嫌なことを蒸し返そうとする人に対してよく使われます。

　また、bygones（**過ぎ去ったこと、過去のこと**）という名詞を使った、Let's let bygones be bygones./Let bygones be bygones. という諺の意味は**「過ぎたことは問うな、水に流せ」**ですから、ほぼイコールの表現となります。やや文語的ですが、なかなかイカした表現です。

　let bygones be bygones だけでも**「水に流す」**という意味で、いろいろな場面で使うことができます。

　ほかに **That's the past. Let's keep moving forward.（過去のことだ。前に進もう）**などと言ってもいいですし、**Let's move ahead.（前に進もう）**と伝えても、状況によっては同じイメージになります。

【解答例】 これまでのことは水に流そう。

Let's just forget about it.
Let's let bygones be bygones.

▶▶英語にしてみよう
1　これまでのことはすべて水に流しませんか？
2　過去のことだからと、水に流さないようにしよう。

■1 「～しませんか？」ですから、Why don't we ...? を使いましょう。Why don't you ...? は「～したらどうですか？」という提案ですが、we にすることで「一緒に～しましょう」という「誘う」ニュアンスが込められます。

「水に流す」は、先ほどの let bygones be bygones を使いましょう。

Why don't we let bygones be bygones for everything that has gone before?（今までのことはすべて水に流しませんか？）などと丁寧な言い方もできます。

【解答例】　これまでのことはすべて水に流しませんか？
Why don't we let bygones be bygones?

■2 これも let bygones be bygones を使って、Let's not let bygones be bygones. と言えば、十分に問題文の意味は表現できます。「過去を水に流さないでください」ですから、「過去のことだからといって、水に流さないでほしい」という気持ちを伝えることができます。

Don't forget the past.（過去を忘れてはいけない）と断言しても、いいでしょう。

【解答例】　過去のことだからと、水に流さないようにしよう。
Let's not let bygones be bygones.

43｜開いた口がふさがらない

「今朝のニュースに、開いた口がふさがらなかった」

「開いた口がふさがらない」とは、見聞きしたことに驚き呆れ、何も言葉を発することができない様子を表現する慣用句のようです。

そのままの意味である形容詞 speechless（開いた口がふさがらない）を使えば、**be left speechless** で「**開いた口がふさがらない状態にさせられる**」➡「**(驚きのあまり) 何も言えない**」となります。

be at a loss for ...（〜に困って、途方に暮れて）に words（言葉）を補った **be at a loss for words（言葉を失う、絶句する）**も、同様の意味で使えます。例題の「開いた口がふさがらなかった」を英語にする際は、主語 I を補って I was left speechless か、I was at a loss for words とすれば OK です。「**今朝のニュースに**」は「今朝のニュースを聞いた時に」と解釈し、When I heard the news this morning, これは文の前でも、後でも構いません。

「開いた口がふさがらない」は、さまざまな表現が可能ですが、ネイティブはよく **(be left) speechless** や **be at a loss for words, one's jaw drops (on the floor)** という言い回しを使います（87 ページもご覧ください）。

ただし、上記はあくまで「あえて日本語に沿って英語にする場合」で、例題 のような表現は、I couldn't believe the news this morning.（**今朝のニュースは信じられなかった**➡今朝のニュースに、開いた口がふさがらなかった）が一番自然な言い方になります。

【解答例】 今朝のニュースに、開いた口がふさがらなかった。

I was left speechless when I heard the news this morning.
When I heard the news this morning, I was at a loss for words.

1　子供の行動に、開いた口がふさがらなかった。
2　退職を伝えると、上司は開いた口がふさがらなかった。

1　驚きを強調するならば、あまり聞かない言葉かもしれませんが、dumb（口のきけない）が語頭となる形容詞の **dumbstruck（口がきけないほど驚いた）** や、**dumbfounded（ものが言えないほどびっくりして）** も使うことができます。leave someone speechless と同じように、使役動詞の leave を使って **leave ... dumbstruck / dumbfounded** とすれば、「**～を開いた口がふさがらない状態にさせる**」様子を表現できます。「子供の行動が、私を開いた口がふさがらない状態にさせた」と解釈し、主語を **The behavior of the children** とすれば、シンプルな英語になります。

【解答例】　子供の行動に、開いた口がふさがらなかった。
The behavior of the children left me speechless / dumbstruck / dumbfounded.

2　単に「ぽかんと口を開けている状態」を強調したいのであれば、**with one's mouth open（口を［ぽかんと］開けたまま）** や、**with one's jaw on the floor（驚きのあまり［床に顎がつくほど］大口を開ける）** といった言い方もできます。動詞 stand のあとにこれらのフレーズを続けることで、驚きのあまり口を開け、呆然と立ち尽くす状態が表現できます。
「退職を伝えると」 は When I told my boss I was quitting です。

【解答例】　退職を伝えると、上司は開いた口がふさがらなかった。
When I told my boss I was quitting, he stood there with his mouth open / with his jaw on the floor.

44 | あげ足を取る

「あげ足を取るような言い方は、やめたほうがいい」

「あげ足を取る」とは、人の言い間違いなどを非難したり、からかったりすることですね。技を掛けようとして、あげた相手の足を取って倒すことから「相手のミスにつけこむ」という意味で使われ始めたようです。

　この「（人を）転倒させる」というイメージから生まれた表現が、英語にもあります。動詞 trip（つまずいて転ぶ）に副詞の up を加えた句動詞 trip up は、**「（人を）つまずかせる、あげ足を取る」**という意味でよく使われます。

　trip up someone と、trip someone up の形で用いられます。例題のような一般論として言う場合は、目的語がさほど重要ではないため、trip up people とあとに置くほうが多いかもしれません。

　ただしどちらも英語として自然で、意味もほぼ同じですから、目的語の位置をそう気にする必要はありません。

　よりネガティブに表現するならば、**make someone look bad**（[人] の印象を悪くする、[人] の顔をつぶす）や、**make someone look like a fool**（[人]をばかにする）と表現することもできますが、より日本語のイメージに近いのは、動詞の trip を使った言い回しです。

「〜するのは、やめたほうがいい」は、人に注意を促すフレーズ **You need to stop trying to ...** に、**trip up people** を続ける言い方が効果的です。

【解答例】　あげ足を取るような言い方は、やめたほうがいい。
You need to stop trying to trip up people / trip people up.
You need to stop trying to make people look bad.

▶▶英語にしてみよう

1 会議で同僚からあげ足を取られた。

2 人の発言にいちいちあげ足を取るものではない。

1 悪意を込めて「あげ足を取る」を使うなら、make someone look like a fool（[人] をばかにする）と表現できます。fool（ばか）がありますから、かなりひどい言い方に聞こえます。

ちょっとした突っ込み程度なら、tripped me up でいいでしょう。

【解答例】 会議で同僚からあげ足を取られた。

My coworker made me look like a fool in the meeting.

2 一般論を言っているとすると、この場合の「人」は一般的な人々を表す people と解釈できるため、「**あげ足を取るものではない**」は Don't try to trip up people. です。

「**人の発言にいちいち**」は「（人が）何かを言おうとするたびにいつも」と言うことですから、every time they try to say something で表現できます。

英語は同じ語の繰り返しを嫌いますので、この節では people を代名詞 they に置き換えてください。

また、この文の「人の発言」を「私の発言」と取るなら、Don't try to trip me up every time I try to say something. とするのが自然です。

【解答例】 人の発言にいちいちあげ足を取るものではない。

Don't try to trip up people every time they try to say something.

45 | 足元を見る

「家を売ろうとしたら、足元を見られた」

「足元を見る」というと、相手の弱みにつけ込んで自分の都合のいいよう進めることでしょうか。

　表現は異なりますが、同じ発想の言い回しに、**take advantage of ...** があります。「**～をうまく利用する、～に便乗する、(人)につけ込む**」の意味で、ネガティブなニュアンスを込めて使います。

　I was going to sell my house, but they tried to take advantage of me. とすれば、「家を売ろうとした(が、彼ら[相手]は)私につけ入ろうとした」ということですから、**「家を売ろうとしたら、足元を見られた」**となります。

　ちなみに Are you trying to take advantage of me? は、「**鬼の首でも取った気でいるの？(私の足元を見ているの？)**」と人の弱みにつけ込む相手を非難する決まり文句です。

　もうひとつ、**take someone for a ride** も使えます。for a ride という言葉があることからわかるように、本来は「**(人を)車で連れ出す、誘拐して殺す**」という意味のフレーズですが、そこから take someone for a ride で「**(人)を欺く**」として使うようになりました。例文を**「私が家を売ろうと交渉した時、彼らは私をだまそうとした」**と取れば、When I was negotiating to sell my house, they tried to take me for a ride. という英語にできます。

　try to ...（～しようとする）を入れると、うまくニュアンスを表現できます。

【解答例】 家を売ろうとしたら、足元を見られた。

I was going to sell my house, but they tried to take advantage of me.
When I was negotiating to sell my house, they tried to take me for a ride.

1　足元を見られて、高い買い物をした。
2　客の足元を見るような商売をしてはいけない。

1　「店が私の足元を見て、高い買い物をさせた」と考えれば、主語と目的語が明確になって、英語にしやすくなります。

　rip off には「**だます、法外な料金を要求する、ぼる**」といった意味があり、You got ripped off. は「**ぼられたね**」という決まり文句です。「足元を見る」を具体的に「高い金額を取られた（ぼられた）」という意味でとらえるなら、この表現が最適です。「店が私の足元を見て、高い買い物をさせた」ということなので、主語を The shop（店）、目的語を me（私）とし、「**足元を見る**」の take advantage of と「**高い買い物をさせる**」の rip off を使って表現します。

> 【解答例】 足元を見られて、高い買い物をした。
> The shop took advantage of me and ripped me off.

2　「**商売をしてはいけない**」は「商売に関わるのは賢明でない」と考え、get involved in ...（〜に関与する）を元にした、**Don't get involved in a business（商売に関わるな）**と表現できます。「**客の足元を見るような商売**」は、business のあとに関係副詞の where を続けて（非制限用法）、... business where you take advantage of your customers とするといいでしょう。

> 【解答例】 客の足元を見るような商売をしてはいけない。
> Don't get involved in a business where you take advantage of your customers.

46 | 足を引っ張る

「友人が私の足を引っ張ろうとした」

「足を引っ張る」と言うと、人の成功や物事の進行を意図的に阻止すること を指すようです。

「阻止する」意味の動詞 prevent を使って **prevent someone from ...（[人 が～するのを]阻む、止める）** とすれば、まさにこの意味が表現できます。

イメージ的に似た表現に、句動詞の **pull down（引き下ろす）** があります。 これにはネガティブなニュアンスがあり、**pull someone down** とすれば「**人 を引き下ろす**」➡「**人の足を引っ張る**」となります。

句動詞の **hold back** にも「**(人の上達などを) 妨げる、阻害する**」という 意味があり、**hold someone back** で「**人を妨害する**」です。

例題の日本語は、「何に対して」足を引っ張ろうとしたか明確ではありませ んが、勝負事であれば My friend tried to prevent me from winning. など と表現できます。prevent を使うのであれば、「人が～するのを」にあたる語 句が必要ですから、ここでは仮に winning を補い「友人が（勝負で勝とうと する）私の足を引っ張ろうとした」としてみました。

You can't pull me down. は「私の足を引っ張ろうとしても無理だ（私の 邪魔はできない）」という売り言葉ですが、You can't hold me back. だと「あ なたに私を思いとどまらせることはできない」となり、pull me down ほど の否定的なニュアンスは少なくなります。

【解答例】 友人が私の足を引っ張ろうとした。

My friend tried to prevent me from winning.
My friend tried to pull me down.

1　チームの足を引っ張りたくない。
2　仲間同士での足の引っ張り合いは見苦しい。

1　主語の I（私は）と、目的語の my team（私のチームを）を補い、「私はチームの足を引っ張りたくない」とします。「チームを引き下ろす」ではなく、「チームの妨げとなりたくない」ですから、hold someone back のほうがイメージ的に近くなります。prevent は外部の人や団体が（[人が〜するのを] 阻む、止める）ですから、ここで使うのは不適切です。

「〜したくない」は I don't want to ... ですから、そのあとに hold someone back を続けることで、適切な表現になります。

> 【解答例】　チームの足を引っ張りたくない。
> I don't want to hold my team back.

2　「見苦しい」のように、すぐに英語が思い浮かばない表現は、「いやだ」などとシンプルに言い換えます。I hate ...ing で「〜することはいやだ」、「仲間同士」は「同じ側の人同士」ですから people on the same side です。

「仲間同士で足の引っ張り合いをする」というネガティブな意味の文なので、pull someone down が適切です。「（仲間同士が）お互いに（足を引っ張り合う）」ですから、someone を each other（お互いに）にしましょう。It frustrates me when people on the same side try to tear each other down.（同じ側の人が仲間割れするのは見苦しい）と表現することもできます。

> 【解答例】　仲間同士での足の引っ張り合いは見苦しい。
> I hate seeing people on the same side trying to pull each other down.

47 | 頭が上がらない

「親には頭が上がらない」

「頭が上がらない」とは、相手に恩義や尊敬の念があり、対等にふるまうことができない様子を指す言葉になるでしょう。

　これと同じ発想の表現は、英語に存在しません。日本語の意味を律儀に表現しようとすると、回りくどい言い回しになってしまいます。ですから今回の例題は、意を汲んでシンプルに表現した方がいいと思います。「尊敬の気持ちを持っている」と考え、have respect for ...（〜を尊敬する）や look up to ...（〜を尊敬する）、hold someone in high esteem（[人]を大いに尊敬している）などと表現すると、うまくニュアンスが伝わります。

　例題を大胆に「親を尊敬しなければいけない」と解釈すれば、I have to respect my parents. となります。ちょっと仰々しく「親を尊敬しないわけにいかない」と考えて、can't（〜できない）と disrespect（尊敬しない）の二重否定を使い、I can't disrespect my parents. と表現するのもいいでしょう。

　「私は親をとても尊敬している」と考えれば、I have a lot of respect for my parents. とも表現できます。ただしこれはわりと素直な表現なので、「頭が上がらない」という圧迫感を出すなら、最初の２例がいいでしょう。

　英語にする際は、単に言葉を置き換えるより、「言わんとすることを自然な英語にする」ことを意識しましょう。

【解答例】　親には頭が上がらない。

I have to respect my parents.
I can't disrespect my parents.

▶▶英語にしてみよう
1　世話をした部下から、頭が上がらないと言われた。
2　私の頭が上がらない人は恩師だ。

1　過度な尊敬を表す言い回しとして、**hold someone in high esteem** で「(人) を大いに**尊敬している**」があります。esteem の1語だけで「(～を) 高く評価する」となるため、強調するならば、このフレーズがおすすめです。

　例題は**「世話をした部下から」**ですが、「部下」を英語にするのは非常にむずかしいです。Mike などと名前に置き換えることで、自然な英語になります。

　「部下 (マイク) を世話したところ、大いに尊敬していると言われた」と解釈し、After I helped Mike, he said he holds me in high esteem. とすると自然な英語になります。

【解答例】 世話をした部下 (マイク) から、頭が上がらないと言われた。
After I helped Mike, he said he holds me in high esteem.

2　「私が尊敬する人は、(かつて教わった) 先生 (の一人) だ」と解釈すると、英語にしやすくなります。主語は The person I have a lot of respect for で、**「私がとても尊敬している人」** ➡ **「私の頭が上がらない人」**。

「恩師」のニュアンスを英語で説明するのはなかなかむずかしいので、ここはシンプルに one of my teachers ([かつての] 先生の一人) と言い換えてしまいましょう。

【解答例】 私の頭が上がらない人は恩師だ。
The person I have a lot of respect for is one of my teachers.

48｜後味が悪い

「映画が予想外の結末で、後味が悪い」

「後味が悪い」とは、特に何かしたわけでもないのに、何となく気分が悪いこと、すっきりしないことを言うようです。

　そもそも英語に「後味」という言葉があるのか？　と思うかもしれませんが、ほぼ直訳の名詞 aftertaste があり、**「悪い後味」**は bad aftertaste, **「後味の悪さを残す」**ならば leave someone with a bad aftertaste です。

　例題の**「映画が予想外の結末となり」**は、「映画が予想した結末にならなかった」と考え、end the way I expected to（予想した終わり方）を使い、The movie didn't end the way I expected to. と訳せます。
「映画は予想外の結末だった」と言い切るなら、The movie had an unexpected ending. としてもいいでしょう。

　そして、そのこと（予想外の結末）が「後味が悪い」、つまり**「後味の悪さを残した」**とするならば、it left one with a bad aftertaste を続けます。

　薬や飲食物が**「後味の悪さを残す」**ならば、意味を明確にするために ... bad aftertaste in my mouth としてもいいでしょう。

「後味が悪い」 ➡ 「あまり満足できなかった」と解釈すれば、it wasn't very satisfying と表現できます。

【解答例】　映画が予想外の結末で、後味が悪い。

The movie didn't end the way I expected to and it left me with a bad aftertaste (in my mouth).

The movie had an unexpected ending, and it wasn't very satisfying.

---

1 誤審があり、試合には勝ったが後味が悪かった。
2 映画の後味が悪かったので、一杯飲みに行った。

1 bad call で「**間違った判定**」、「**誤審**」の意味を明確にするならば bad call by the umpire とします。

「誤審により勝利したが、後味の悪さが残った」と考え、I won because of a bad call by the umpire（**誤審により勝利した**）のあとに、so（だから）でつないで it kind of left me with a bad aftertaste（**やや後味の悪さが残った**）とします。it left me の間に kind of（やや、ちょっと）と言いよどむ表現を入れることで、「後味の悪い」ニュアンスがうまく表現できます。

> 【解答例】 誤審があり、試合には勝ったが後味が悪かった。
> I won because of a bad call by the umpire, so it kind of left me with a bad aftertaste.

2 例題で紹介した表現を使い、The movie left me with a bad aftertaste（**映画の後味が悪かった**）とし、そのあとに so we went and got a drink（[だから] **一杯飲みに行った**）と訳すことも可能です。

しかし「映画の後味が悪かった」は、すっきりと We didn't like the way the movie ended（**映画の終わり方が好きではなかった**）と言ったほうが、英語として自然です。元の日本語の意を汲むのも大事ですが、まずは言葉としての自然さを心がけるようにしましょう。

> 【解答例】 映画の後味が悪かったので、一杯飲みに行った。
> The movie left us with a bad aftertaste, so we went and got a drink.

49 | 合わせる顔がない

「上司に合わせる顔がない」

「合わせる顔がない」とは、申し訳ないことをしてしまい、恥ずかしさや気まずさで相手に会えない、顔をまともに見られない、ということでしょうか。

日本語に近い表現として、not have the face to ...（〜する顔がない）がありますが、これはかなり古い言い方です。肯定表現の have the face to ... は「図々しくも〜する」ですが、これも今はあまり使いません。

「合わせる顔がない」は恥ずかしさを強調した表現ですから、too ... to ...（〜するには、あまりに〜だ）を使うといいでしょう。

too ashamed to ... で「〜するにはあまりに恥ずかしすぎる」➡「恥ずかしくて〜できない」➡「合わせる顔がない」と表現すると、うまく恥じ入るニュアンスを表現できます。似たフレーズに too embarrassed to face（恥ずかしくて合わせる顔がない）もありますが、違いは ashamed が「自分自身を恥ずかしく思う」のに対して、embarrassed は「他者に対して恥ずかしく思う」ことを意味します。例題の場合は、ashamed を使うことが多いでしょう。

恥ずかしさを「〜する勇気がない」ととれば、**I don't have the courage to ...** も使えます。courage を guts（胆力、度胸）と言い換えてもいいでしょう。「上司に合わせる顔」は、せっかくですから日本語の「顔」に合わせて動詞の face を使い、**face my boss（上司に対面する）**としましょう。これもまた「上司と**直接**話をする」と考えて、**talk to my boss face to face** とすれば、英語らしい言い方になります。

【解答例】 上司に合わせる顔がない。

I'm too ashamed to face my boss.
I don't have the courage to talk to my boss face to face.

1 親に迷惑をかけてばかりで、合わせる顔がない。
2 合わせる顔がないなどと思わず、何でも相談してくれ。

1 「親にあまりに迷惑をかけたので、合わせる顔がない」とすると、英語にしやすくなります。「**親にあまりに迷惑をかけた**」は、I caused a lot of problems for my parents です。

「**(親に迷惑をかけたことで) 自らを恥じ入る**」と自分の情けなさを表現するなら、**too ashamed to ...** がいいでしょう。

ここで「合わせる顔がない」は対面だけでなく、会話を交わすことすらむずかしいことが考えられます。そのため、**too ... to even talk to them** とすると「**会話することさえ〜だ**」となります。

【解答例】 親に迷惑をかけてばかりで、合わせる顔がない。
I caused a lot of problems for my parents, so I'm too ashamed to even talk to them.

2 この「合わせる顔がない」は、他者に対して自らを恥じている言い方だと思いますので、embarrassed のほうがニュアンス的に近いです。**feel embarrassed** で、「**恥ずかしいと思う (合わせる顔がない)**」。

そして You can talk to me about anything. (**何でも話してくれ [相談してくれ]**) は、ビジネスでは定番表現です。

【解答例】 合わせる顔がないなどと思わず、何でも相談してくれ。
Don't think you need to feel embarrassed. You can talk to me about anything.

50 | 言うまでもない

「彼が優秀なのは、言うまでもない」

「言うまでもない」とは、誰もがわかりきっていることで、あえて言う必要がないことを改めて言う際に使われると思います。

　これとほぼ同じ言い方が、英語にはあるのですが、おわかりですか？

　go without saying です。It goes without saying that ... で「〜は言うまでもない」となります。

　しかし It goes without saying that ... は、かなり仰々しい言い方なので、このような場合、英語として一番よく使うのは everyone knows ... でしょう。「言うまでもない」とは「誰もがわかっていること」ですから、それを英語にして Everyone knows that ... で「誰もが〜と知っている」➡「〜は言うまでもない」となります。英語ではシンプルな表現が好まれるので、一般的にはこの言い方が一番よく使われます。

　already を入れ、Everyone already knows that ...（誰もがすでにご存知とは思いますが）でもいいですが、やや強調した言い方に聞こえます。

　もうひとつ挙げるならば、I know you (already) know this, but ...（あなたが [すでに] ご存知なのはわかっていますが…）ですが、これは言い方によってはかなり嫌味に聞こえます。

「彼が優秀なのは」は、he's brilliant または he's outstanding とすれば、際立った素晴らしさが伝わります。

【解答例】 彼が優秀なのは、言うまでもない。

It goes without saying that he's brilliant.
Everyone (already) knows that he's outstanding.

1　言うまでもないことだが、締切は明日だ。
2　彼に任せれば間違いないことは、言うまでもないでしょう。

1　あえて嫌味なニュアンスを出すならば、先ほどご紹介した I know you (already) know this, but ...（あなたが［すでに］ご存知なのはわかっていますが…）を使うといいでしょう。already を入れれば嫌味の度合いも増しますし、もったいぶって言うとさらに効果的です。とはいえ、これはかなり嫌みのこもった言い方なので、目上の人に使ってはいけません。

「締切は明日だ」は、直訳のまま the deadline is tomorrow で OK です。

【解答例】 言うまでもないことだが、締切は明日だ。
I know you (already) know this, but the deadline is tomorrow.

2　「言うまでもない」を「当たり前のこと」ととらえれば、I have no question that ...（〜は問題外だ➡〜は言うまでもない）を使えます。

「彼に任せれば」をそのまま英語にすると言葉足らずになるので、「彼に任せれば、彼がいい仕事をすることは」と考えて、he'll do a good job if we leave it up to him としましょう。

leave ... up to someone で「〜を（人）に任せる」。I'll leave it (up) to you. は「あなたに任せます」、Leave it (up) to me. なら「私に任せてください」です。ビジネスでもよく使う表現ですから、ぜひ覚えておきましょう。

【解答例】 彼に任せれば間違いないことは、言うまでもないでしょう。
I have no question that he'll do a good job if we leave it up to him.

51│息が合う

「パートナーとはぴったり息が合う」

「息が合う」は、気持ちが通じ合い、お互いのリズムも同じような時に使われるようです。

英語では get along well（よく気が合う、うまくやっていく）がよく使われます。get along だけでも「仲良くやる、気が合う」が表現できますが、副詞の well を補うことで「うまく、よく」の意味をプラスでき、We get along well. と言えば「ぼくらはうまくやってるよ」です。

通常よく使うのはこの get along well ですが、well のかわりに perfectly を使えば「ぴったり」のニュアンスも訳出できます。I get along perfectly with ... で「私は～とぴったり息が合う」となります。

もうひとつ、カタカナ英語で「マッチする」に相当する be a perfect match も使えます。名詞の perfect match には「完璧な組み合わせ、完璧な一致」という意味もあり、イメージ的にも合います。この場合、主語を My partner and I（パートナーと私は）にし、そのあとに be 動詞を続けます。

連動性における「息が合う」を表現する場合、be in sync も使えます。sync は synchronize / synchronization の略語で「共鳴している、合っている、仲よくやっている」という意味が表現できます。

例題を、気持ちが通じ合っている様子を表すものと考えれば、get along perfectly と be a perfect match が最適です。

【解答例】パートナーとはぴったり息が合う。

I get along perfectly with my partner.
My partner and I are a perfect match.

1　彼らのピアノの連弾は、見事に息が合っていた。
2　息を合わせて演技をしよう。

■1　動きにおける息の合った様子を表しているので、**be in sync** を使うと、うまくイメージを伝えられます。sync には「同期する」という意味もあるため、「連弾」にはピッタリです。ちなみに、日本語では「シンクロ」と略しますが、英語では sync となりますから注意しましょう。

「連弾」は duet ですから、**Their piano duet（彼らのピアノの連弾）**を主語にします。

【解答例】　彼らのピアノの連弾は、見事に息が合っていた。
Their piano duet was in perfect sync.

■2「**息を合わせて〜しよう**」と、動きに関する表現ですから、これもまた **be in sync** を使うといいでしょう。

「**息を合わせて演技する**」は「われわれの演技を同時にやる」と解釈し、**our performance is in sync** です。

「〜しよう」という呼びかけは、命令形の Make sure ...（確実に〜する）でもいいのですが、Let's をつけて言うことで表現が柔らかくなります。人に何か呼びかける際は、**Let's make sure ...** と言うことで「**（ともに）〜しましょう**」という謙虚な声かけになるので、好感がもたれます。

【解答例】　息を合わせて演技をしよう。
Let's make sure our performance is in sync.

52 | いつの間にか

「いつの間にか年を取った」

「いつの間にか」は、知らないうちにある状態になる際に使う言葉で、「気がつく間もないほどの早さで」と「早さ」を強調する場合と、単に「自分が気がつかない間に」と「知らないこと」を強調する2つの意味で用いられるようです。

「早さ」を強調する場合、もっとも一般的な表現は **in no time** です。そのまま **「時間がたたない間に」➡「いつの間にか」**というイメージになります。

一方、「知らないうちに」を「そのことを知る前に」と解釈すれば、**before one knows it** で「いつの間にか、知らぬ間に」となります。

例題は「自覚することなく年を取ってしまった」と後者の意味に解釈できるので、**I got old before I knew it.** で**「私はそのことを知る前に年を取った」➡「いつの間にか年を取った」**という意味が表現できます。

「いつの間にか」という言葉には、どこか昔を懐かしく思う感じが読み取れます。「時の経つのがあまりに早く、気がつく間もなかった」というイメージです。その場合、**It seems like yesterday (when)** で**「〜したのは昨日のことのようだ」➡「いつの間にか」**となります。

「いつの間にか年を取った」とは、「まだ若いつもりでいたのに、知らぬ間に年を取っていた」ということです。「若かったのは昨日のことのようだ」と考えれば、**It seems like yesterday when I was young.** という英語にできます。

日本語でも、昔を懐かしむ際に「昨日のことのようだ」と言いますが、英語でもまさにこのフレーズを言い換え表現として使えます。

【解答例】 いつの間にか年を取った。

I got old before I knew it.
It seems like yesterday when I was young.

1　彼女は、いつの間にか手配をしてくれていた。

2　彼はいつの間にか仕事を終えたのに、私は3時間かかった。

1　この場合の「**いつの間にか**」は、「一瞬の間に」と同じ意味で使われているので、**in no time** で表現できます。

「手配をする」は make an arrangement でもいいのですが、**make all the arrangements** とすれば「**万全の準備をする**」「**手配を完了させる**」というニュアンスが出せます。

あえて「**気がつかないうちに（手配してくれた）**」と解釈すれば、She made all the arrangements before I knew it. という英語にできます。

【解答例】　彼女は、いつの間にか手配をしてくれていた。

She made all the arrangements in no time.

2　「いつの間にか仕事を終えた」は「いつの間にか仕事を終わらせることができた」と考え、He was able to finish the job in no time. としましょう。in no time で「**いつの間にか**」です。そのあとに「私（にとって）は3時間かかった」＝ it took me three hours を続けましょう。

仕事に関係する in no time を使ったフレーズとして、ビジネスシーンでよく使われる言い方に、**I'll get it done in no time.（すぐに終わらせます）**があります。ぜひ使いこなしてください。

【解答例】　彼はいつの間にか仕事を終えたのに、私は3時間かかった。

He was able to finish the job in no time, but it took me three hours.

53｜一事が万事

「彼は一事が万事、その調子だ」

「一事が万事」と言うと、ひとつのことで全体が推測される様子を指すことになるでしょうか。

「いつも、常に」という意味ですが、否定的な文脈で用いられます。同様の表現は英語にありませんから、英語にする際には工夫が必要です。

「いつも、常に」という意味ならば always が、否定文ならば never が思い浮かびます。

「彼はいつもそんな様子だ」と解釈すれば、He's always like that. と表現すればいいでしょう。蔑むような言い方をすれば、「一事が万事」に近いネガティブなニュアンスを出すことができます。

　例題にも、あざけるような意味合いが読み取れるので、「それはいかにも彼らしい」と解釈して、just like を使うことができます。

　like ... は**「いかにも～らしく、さすがは～だけあって」**と「嫌味」を込めることもできるので、That's just like him. とすれば、**「それはさすが彼らしい（彼は一事が万事、その調子だ）」**と否定的な言い方になります。

　同様の表現に、**everything one does（することなすこと、一挙一動）**があります。特に行動について指摘する場合は、この表現が便利です。

【解答例】　彼は一事が万事、その調子だ。

He's always like that.

That's just like him.

▶▶英語にしてみよう
1 一事が万事、彼は行動が遅い。
2 彼女の不注意は、一事が万事だ。

1 「することなすこと、一挙一動が遅い」と解釈すれば、everything one does と言えます。He's slow at everything he does. は「**彼はすることなすこと、すべてが遅い**」となり、「一事が万事」の「嫌味な感じ」が表現できます。

副詞 always を使って「**彼はいつもとても遅い**」と強調表現にすれば、否定的な意味合いが出せます。その場合、He's always so slow. と、so を入れて大げさなニュアンスを出すのがポイントです。

【解答例】 一事が万事、彼は行動が遅い。
He's slow at everything he does.

2 「**彼女はいつも不注意だ**」と解釈すれば、She's always so careless. と表現できます。これも so を入れれば、否定的なニュアンスが強調できます。

so を入れるかわりに、「不注意だ」のスラング sloppy を使って、She's always sloppy. としてもいいでしょう。

また、「**彼女は決して十分注意しない**」と否定的にとらえれば、never を使い She's never careful enough. とも表現できます。

【解答例】 彼女の不注意は、一事が万事だ。
She's always so careless.

54 | いばらの道

「進むも退くも、いばらの道だ」

「いばらの道」は、人生で困難や苦労が多いことを表現する言い方ですね。
「いばらの、とげの多い、厄介な」は英語で thorny です。thorny path は
実際に英語としても使われます。例題を直訳すると、It is a thorny path,
whether we go forward or backward. ですが、何となく意味は通じるものの、
英語として不自然です。

　例題は「どこも困難な道ばかりだ」、つまり「楽な道はない」ということで
すね。英語には、**There's no easy way out of this.**（他に楽な道などない）
という言い回しがあり、これで言い換えることができます。

　似た表現で、歌詞などにもよく使われる **There's no easy way out.** は「**簡
単な脱出方法などはない**」で、これも「**（だから）困難に立ち向かわなければ
ならない**」という意味になります。

「**何をしようと困難ばかりだ**」と解釈すれば、**We're in trouble no matter
what we do.** と表現できます。**be in trouble** は「**困難にある、苦境に立た
されている**」、**no matter what we do** は「**何をやろうとも**」です。

　シンプルに This is a tough road.（これは困難な道だ）としてもいいです
が、それよりは It's tough to go ahead and tough to go back. としたほうが、
例題に近いでしょう。ただしこれも回りくどい言い方ですから、一般的なも
のとしては以下の2例となります。

【解答例】 進むも退くも、いばらの道だ。

There's no easy way out of this.
We're in trouble no matter what we do.

---

1 いばらの道を歩くのはもう嫌だ。
2 彼の人生は、いばらの道ばかりだ。

1 thorny path（いばらの道）を使って I don't want to walk on this thorny path any longer. としても意味は通じますが、英語として不自然です。

I don't want to keep going down this path.（この道を歩き続けるのはもう嫌だ）と言えば、this path（この道）を「困難なもの、嫌悪するもの」とほのめかすことができます。

I want to go a different direction.（違う道に進みたい）としても同じ意味合いが表現できるでしょう。

【解答例】　いばらの道を歩くのはもう嫌だ。

I don't want to keep going down this path.

2 直訳した His life has been a thorny path. も意味的には通じますが、自然な言い方ではありません。

「彼は困難な人生を送っている」と解釈すれば、He's had a tough life. と表現できます。

そもそも日本語の「いばらの道」も、非常に困難なことのたとえとして、シンプルに言い換えた言葉ではないでしょうか？　誰にでもわかる簡単な表現こそ、奥深い意味に解釈できるのかもしれません。

【解答例】　彼の人生は、いばらの道ばかりだ。

He's had a tough life.

55 | 色めがねで見る

「人を色めがねで見るべきではない」

「色めがねで見る」とは、先入観をもって人を見ることですね。ネガティブなニュアンスがあるので、避けたほうがいいとされます。

　意外に思うかもしれませんが、英語にもほぼ同様の表現があります。

　rose-colored glasses の直訳は「バラ色のめがね」ですが、これは何もかもバラ色に見える**「楽観的な考え方」**のたとえとして使われます。

　そのため look at something / someone through rose-colored glasses で、「〜をバラ色のめがねで見る」➡「〜を楽観視する」です。

　これを否定文にし、**Don't look at people through/with rose-colored glasses.** とすれば「人を楽観視するな」➡「人を先入観をもって見るな」となり、例題と同様の意味になります。

　objective には「客観的な」という意味があり、**be objective** は「客観的でいる」つまり**「冷静に物事を見る」**。そのため Try to be objective (when judging people). は「（人を判断する時は）**客観的に見るようにしなさい**」➡**「冷静に見なさい」**、転じて**「人を色めがねで見るべきではない」**となります。人を評価する際は、Try to be objective. と言えば、これだけでも事足ります。

　直訳的な not have preconceptions about someone（〜に先入観をもたない）や、not to be biased（先入観にとらわれない）などの表現もありますが、より自然な英語表現は以下の２例となります。

【解答例】　人を色めがねで見るべきではない。

Don't look at people through / with rose-colored glasses.
Try to be objective (when judging people).

---

1 彼のやることを、つい色めがねで見てしまう。
2 彼女は色めがねで見るので、人を見る目がない。

1 look at something / someone through rose-colored glasses（〜を
バラ色のめがねで見る、〜を楽観視する）は、through のかわりに with を
伴うこともあります。「**彼のやること**」は everything he does（彼がやるこ
とすべて）とすると、「やることなすこと、すべてを色めがねで見てしまう」
というニュアンスを出せます。

【解答例】 彼のやることを、つい色めがねで見てしまう。
I look at everything he does with rose-colored glasses.

2 「彼女は色めがねで見るので」は、目的語を補い、「**彼女は色めがねで世
の中を見るので**」と考えると、英語にしやすいです。まずは She sees the
world through rose-colored glasses としましょう。世の中を斜に構えた
感じで見ている様子を、表現できます。

　肯定表現の「人を見る目がある」は、be a good judge of people です。
それを否定形にすれば、「人を見る目がない」が表現できます。

【解答例】 彼女は色めがねで見るので、人を見る目がない。
She sees the world through rose-colored glasses, so she's not a
good judge of people.

56│後ろ髪を引かれる

「ドラマの続きを見たくて、後ろ髪を引かれる」

「後ろ髪を引かれる」と言えば、以前あったことがどうしても気になって、なかなか次の行動に移れないことを示すようです。

　英語にするにあたっては、「自主的に何かをするのではなく、何かに引き止められるような感覚を出すこと」。日本語に近い表現は、feel like something is holding one back（何かが引き止めるような感じがする）や、(have someone) reluctance to ...（渋々〜する）などでしょう。

　しかし、上の表現では英語として曖昧で、明確な意図が伝わりません。

　おすすめは、**I can't help thinking about ...（〜について考えざるを得ない）**です。I can't help ...ing（〜せざるを得ない➡〜せずにいられない）は、「自分の力ではどうしようもできない感覚」をうまく表現できます。

　I can't help thinking about what's going to happen in the drama. で、**「ドラマで何が起こるかについて考えずにいられない」➡「ドラマの続きを見たくて、後ろ髪を引かれる」**となります。

　または、**I can't help thinking about that drama.** で**「ドラマのことを考えずにいられない」➡「ドラマの続きが気になって仕方ない」➡「ドラマの続きを見たくて、後ろ髪を引かれる」**となります。さらに念押しで、**I wonder what's going to happen.（何が起こるのか気になる）**と続ければ、より意味は明確になるでしょう。

【解答例】 ドラマの続きを見たくて、後ろ髪を引かれる。

I can't help thinking about what's going to happen in the drama.

I can't help thinking about that drama. I wonder what's going to happen.

---

1 I can't help thinking about something（〜について考えざるを得ない）を使えば、うまく表現できます。think about my hometown で「故郷を思う」ですから、あわせて **I can't help thinking about my hometown.** となります。**I can't stop thinking about my hometown.** としても OK です。

　これで「故郷を思わざるを得ない」という意味になりますが、「（後ろ髪を引かれる思いで故郷を後にしたから、今でも）故郷を思わざるを得ない」と解釈できます。**My hometown is always on my mind.（故郷はいつも私の心にある）**などと言い換えても、同様の意味に取ることができます。

【解答例】 後ろ髪を引かれる思いで、故郷を後にした。
I can't help thinking about my hometown.

2「彼女と別れて上京した」は I said goodbye to her and went to Tokyo と、日常的な英語表現を使ってシンプルな言い方にすればいいでしょう。

「後ろ髪を引かれる思いだ」は、このような時にネイティブがよく使う表現 **leave one's heart with someone（心を〜の元に残す）**を使うと、詩的なニュアンスが表現できます。**I left my heart in my hometown.（故郷に私の心は置いてきた）**も同様のイメージを出せるので、ぜひ使ってみてください。

【解答例】 彼女と別れて上京したが、後ろ髪を引かれる思いだ。
I said goodbye to her and went to Tokyo, but I left my heart with her.

57｜うつつを抜かす

「今は、うつつを抜かしている場合ではない」

「うつつを抜かす」とは、何かに夢中になってしまい、本来やるべきことを蔑ろにしている状態を指すようです。

　例題のように「今は〜する場合（時）ではない」と解釈すると、Now is not the time to ... や、This is not the time to ... といったシンプルな英語に置き換えることが可能です。

　「うつつ」とは本来、「現実、正気、本心」などを意味する言葉で、「うつつを抜かす」とは、「現実や正気が抜けた状態」＝「何かに夢中になって、本来の自分を忘れている状態」です。

　そのため「うつつを抜かす」は get carried away（夢中になる、われを忘れる）を使うと、うまく表現できます。

　ほかに、lose one's cool（冷静さを失う）や can't think straight（まともに頭を働かせることができない）、be focused on something（何かに夢中になっている）、one's head is in the clouds（空想にふけってボーッとしている）などと言い表してもいいでしょう。

「今は〜する場合（時）ではない」と「うつつを抜かす」をあわせて、Now is not the time to get carried away.（今はわれを忘れている時ではない➡今は、うつつを抜かしている場合ではない）、または This is not the time to lose your cool.（今は冷静さを失っている時ではない➡今は、うつつを抜かしている場合ではない）とすれば、自然な英語として伝わります。

【解答例】　今は、うつつを抜かしている場合ではない。

Now is not the time to get carried away.

This is not the time to lose your cool.

114

1 彼は恋愛にうつつを抜かしているようだ。
2 趣味にうつつを抜かしている間に、成績が下がった。

1 「彼は恋愛に夢中で、正気を忘れているようだ」という意味に解すと、英語にしやすいでしょう。

He's in love, so his head is in the clouds. ならば「**彼は恋愛に夢中で、彼の頭は妄想でいっぱいだ**」➡「**彼は恋愛に夢中で、うつつを抜かしている**」となります。または、He can't think straight because he's in love.（**彼は恋愛に夢中で、まともに考えることができない**）などと言い換えてもいいでしょう。

【解答例】 彼は恋愛にうつつを抜かしているようだ。
He's in love, so his head is in the clouds.

2 「**趣味にうつつを抜かしている間に**」は、何かに夢中になっている状態ですから、**be focused on something**（～に夢中になっている）を使い、When I was focusing on my hobby（趣味に夢中になっている時）とするとシンプルに表現できます。

「**成績が下がった**」は、動詞の drop を使うと急降下したイメージが出せますから、**my grades dropped** とすれば OK です。drop は数値や程度、強度など、さまざまなものの突然の低下に対して用いることが可能です。非常に便利な動詞ですから、ぜひ覚えておいてください。

【解答例】 趣味にうつつを抜かしている間に、成績が下がった。
When I was focusing on my hobby, my grades dropped.

58│えりを正す

「えりを正して、教えを乞う」

「えりを正す」とは、改めて気持ちを引きしめ、物事に接することでしょうか。

You need to straighten your collar and...（えりを真っ直ぐにして〜）と直訳しても何となく意味は通じますが、これはまず使わない言い方です。

「気持ちを引きしめる」とは、相手に対してきちんと**「注意を払う」**ことですから、**pay attention** を使うとうまく表現できます。もしくは straighten up（背筋をしゃんと伸ばす）や、do one's best to ...（〜に最善を尽くす）などと言い換えても、英語としてイメージを伝えやすいでしょう。

「教えを乞う」とは、「教わる」「学ぶ」ですから learn で OK です。

前後をつなげて、**You need to pay attention so you can learn something.（何かを学べるよう、注意を払わなければいけない➡教えを乞うために、えりを正さなければいけない）**とすると、うまく自然な英語にできます。

We need to do our best to learn from him.（彼から学ぶために**最善を尽くさなければいけない**）などとしても、例題の日本語のフォーマルかつ礼儀正しさは出せると思います。

straighten up を使うならば、We need to straighten up and listen to what he has to say.（背筋をしゃんと伸ばし、彼の言わんとすることを聞かねばならない）などと表現できますが、英語としてわかりやすいのは前の2例となります。

【解答例】 えりを正して、教えを乞う。

You need to pay attention so you can learn something.
We need to do our best to learn from him.

1　えりを正して、来年の試験にのぞむつもりだ。
2　社長の前では、えりを正して話を聞かなければいけない。

1　「試験に対して、えりを正す」ですから、「生活を改め」と言い換えられます。この場合「**えりを正して〜するつもりだ**」は、I'm going to change my life,「**来年の試験にのぞむ**」は get ready for next year's test とすれば、明快な英語になります。

【解答例】　えりを正して、来年の試験にのぞむつもりだ。
I'm going to change my life and get ready for next year's test.

2　このままでは英語にしにくいので、言い換えてみましょう。
「社長が話す時は、注意を払わなければいけない」とすると、わかりやすく表現できます。**When the president speaks** で「**社長が話す時は**」、**you need to pay attention** で「**注意を払わなければいけない**」となります。
「社長の前では、〜話を聞かなければいけない」ですから、要は「社長が話す時は」です。日本語と英語は構造が違うので、日英翻訳の際には「いかに英語にしやすい文構造に変換するか」を考えましょう。
　言葉は誰にでもわかるようシンプルに表現することで、誤訳も防げます。「簡単かつ明快に」を心がけてください。

【解答例】　社長の前では、えりを正して話を聞かなければいけない。
When the president speaks, you need to pay attention.

59｜大目に見る

「今回は大目に見よう」

「大目に見る」とは、きちんと叱らず手加減をし、寛大な心で対応することを言うでしょうか。

実は、1単語で言い換えられるのですが、何かわかりますか？

overlook です。over（上回って）+ look（見る）ですから、日本語と同じ発想で生まれた言葉のようです。「今回」は this time ですから、2つをつなげて I'll overlook it this time. と端的に訳すことができます。

もうひとつ挙げるとしたら、あまり聞いたことがないかもしれませんが、let something slide も言い得て妙です。「〜を成り行きに任せる」という意味があり、これまた寛大な対応がうかがわれる言い回しです。

動詞の slide には「（過ちなどが）とがめられることなく済む」というニュアンスがあり、I'll let it slide. で「それをとがめられないようにしよう」➡「大目に見よう」となります。

似たフレーズに、let it go があります。let it go は「（他者の言動に対して）反応しない、放っておく」ですから、「大目に見る」と同様の、広い心でとりなす意味合いが出せます。

Let it go. は歌の歌詞として知られるようになりましたが、「そんなこと忘れて」「好きにしなさい」といった意味で、英語では日常的によく使われるフレーズです。

【解答例】 今回は大目に見よう。

I'll overlook it this time.

I'll let it go this time.

▶▶英語にしてみよう
1　彼は子供みたいな人だから、大目に見よう。
2　大目に見ても、あなたがやったことは許せない。

1　何か過ちを犯した人に対して言うセリフです。**「子供みたいな人」**は just a child で表現できます。just にはさまざまな意味合いがあるため、非ネイティブには面倒な副詞です。しかし、この 1 単語を入れるだけで、「ほんの」「ただの」という微妙なニュアンスを出すことができます。

　この「大目に見よう」は、**「(過ちなどが) とがめられることなく済む」**という意味で使われているので、let it slide が最適です。

【解答例】 彼は子供みたいな人だから、大目に見よう。
He's just a child, so let's let it slide.

2　これもまた相手の過ちに対して使われているので、let something slide を使いましょう。具体的に「〜を」と指し示さない場合は、it を使い、I'll let it slide（大目に見て）で文を始めればいいでしょう。

　I'll never forgive you で「(あなたを) 許せない」、「あなたがやったこと (に対して)」は for what you did です。

　ちなみに、I'll let that one slide. は、「その件は大目に見よう」➡「その件は見逃してやろう」という決まり文句になります。

【解答例】 大目に見ても、あなたがやったことは許せない。
I'll let it slide, but I'll never forgive you for what you did.

60 | お茶をにごす

「お茶をにごすつもりはありません」

「お茶をにごす」は、言い逃れをするために、その場をごまかして切り抜けることを言うと思います。

wiggle out of ...（～をうまく回避する、～を言い抜ける）という言い回しがあり、ここではこれが使えます。

I'm not trying to wiggle out of this. なら「この件を言い逃れするつもりはありません」 ➡「お茶をにごすつもりはありません」となり、責任を回避するわけではないことを、うまく表現できます。

もともと wiggle は「(体の一部などを) 小刻みに動かす」という動詞で、wiggle one's eyes は「目を小刻みに揺らす」➡「目を泳がす」となり、何かごまかそうとしている際の雰囲気が表現できます。

より一般的な表現にするなら「責任逃れをするつもりはない」と解釈して、avoid responsibility（責任を逃れる）と言うこともできます。

日本語の「お茶をにごす」のように、**曖昧な表現とするなら** wiggle out of ... を、**明確に意図を伝えるなら** avoid responsibility のような**堅い表現**を使うといいでしょう。

「～するつもりはない」を**柔らかく表現するなら** I'm not trying to ... と、**やややフォーマルに**「～する意図はない」として have no intention of ... と表現することも可能です。

【解答例】 お茶をにごすつもりはありません。

I'm not trying to wiggle out of this.

I have no intention of avoiding responsibility.

▶▶英語にしてみよう
1　この期に及んで、お茶をにごさないでください。
2　お互い、お茶をにごすのはやめましょう。

1　煮え切らない態度をとる相手に言うフレーズです。「責任や決断から逃げようとしないでくれ」と解釈すれば、ネイティブがよく使う句動詞の **get out of ...** がおすすめです。「手を引く」「回避する」といった意味があり、**You're not going to get out of this.** なら「**この場から逃げないで**」。

　もう少し柔らかく「**～しようとしないで**」と注意するならば、**Don't try to ...** で言い始めるのがおすすめです。「**この期に及んで**」は「**この段階で**」と考え、**at this stage** としましょう。

【**解答例**】　この期に及んで、お茶をにごさないでください。
You're not going to get out of it at this stage.

2　blame と聞くと「非難」を思い浮かべるかもしれませんが、転じて「責任」という意味もあり、**avoid blame** で「**責任を逃れる**」です。

　問題文は「お互い、責任逃れするのはやめよう」と解釈できます。「**～するのはやめましょう**」という、やんわりした制止の呼びかけは **Let's stop trying to ...** が最適。あとは、**avoid blame** を続ければ OK です。

【**解答例**】　お互い、お茶をにごすのはやめましょう。
Let's stop trying to avoid blame.

---

61 | おんぶに抱っこ

「おんぶに抱っこでは、困ります」

「おんぶに抱っこ」とは、人に頼って何から何まで任せきりにすることを言うでしょうか。

ありとあらゆることを**「頼る、あてにする」**と考えると、depend on ...（〜に頼る、〜をあてにする）や rely on ...（〜を頼りにする、〜をあてにする）、また dependent on ...（〜に頼っている、〜に依存している）といったフレーズが浮かびます。

動詞 depend と rely の違いは、depend が自分の力不足から他人や物の力などを求めるのに対し、rely は経験や客観的な判断を求める点となります。depend の形容詞 dependent は、independent（自主的な）の反対語でもあるように、従属的な意味合いが強くなります。

例題は、依存の強い相手をあしらうニュアンスが感じ取れるので、dependent on... を 使 っ て、I don't want you to be dependent on me.（頼りっきりでいてもらいたくない➡おんぶに抱っこでは、困ります）とするのがよいでしょう。

depend か rely を用いて、I don't want you to depend/rely on me for everything.（全部を当てにしてもらいたくない）と表現することもできます。文脈によりけりですが、微妙なニュアンスの違いに過ぎません。

また大胆に言い換えるなら、I'm not going to do everything for you.（何でもやってあげるつもりはありません）などと表現してもいいでしょう。

【解答例】 おんぶに抱っこでは、困ります。

I don't want you to be dependent on me.
I'm not going to do everything for you.

---

1 文意を明確にするなら、「(彼が) 自分の仕事を人にやらせるのは、無責任すぎる」と言い換えると、英語にしやすいでしょう。「**(彼が) 〜するのは無責任すぎる**」は、It's so irresponsible of him to ... の It ... to ... **構文**が使えます。「**自分の仕事を人にやらせる**」は、make others do his work です。

work は便利な言葉で、「仕事」だけでなく「作業」「労働」「研究」など、さまざまな目的のもとに努力して行うことを指すことが可能です。

【解答例】 すべてがおんぶに抱っこでは、無責任すぎる。

It's so irresponsible of him to make others do his work.

2 「**物事が前に進まない**」ですから、ビジネスシーンなど何かしら相手の経験や判断力を求めて「頼る」と考えれば、rely on を使うのが適切です。

「おんぶに抱っこ」は、何から何まで人に任せきりにすることですから、rely on ... for everything(**〜にすべてを頼る**)を使いましょう。「おんぶに抱っこでは」は、「もしあなたがすべてを人任せにするなら」と解釈して、If you rely on others for everything と表現できます。

「**物事が前に進まない**」は「(あなたは) 何も進めることができない」と考えれば、you're not going to make any progress と言えます。

【解答例】 おんぶに抱っこでは、物事が前に進まない。

If you rely on others for everything, you're not going to make any progress.

62 | 顔色をうかがう

「人の顔色をうかがう必要はありません」

「顔色をうかがう」とは、相手の出方を見ることでしょうか。

You don't have to look at the expression on his face before you decide what to do.（何かを決めるのに人の表情を見る必要はありません）と直訳しても英語として通じますが、あまり聞く言い方ではありません。この場合の「顔色」は、他の人の考え方や行動を指すと思います。

決まり文句の It doesn't matter what others think.（他の人が何を考えようが関係ない）を使えば、例題の意図することをうまく伝えることができます。It doesn't matter ... で「〜は関係ない」です。

日本語通りに「〜する必要はありません」と訳すなら、You don't have to ... を使うこともできます。to のあとには動詞が続きますから、see what others think/feel（人がどう思うか想像する）でもいいですし、worry about what others think（人がどう考えるか気にする）などと続けることもできます。

でもどうせなら、ここで wait and see の言い回しを覚えましょう。wait and see には「成り行きを見守る、様子を見る」という意味があるので、「うかがう」をうまく表現できます。

これらの文をつなげて、You don't have to wait and see what others think. とすれば「人がどう考えるか、うかがう必要はありません」となります。

【解答例】 人の顔色をうかがう必要はありません。

It doesn't matter what others think.
You don't have to wait and see what others think.

1　人の顔色をうかがいながら仕事をするのは大変だ。
2　先方の顔色をうかがってから、出方を考えよう。

1 「**人の顔色をうかがいながら**」は「人が考えていることを気にしながら」と解釈して、**worrying about what everyone's thinking** と worry（気にする）を使って表現すれば、文全体の「大変」なイメージがうまく伝わります。

「**～しながら仕事をするのは大変だ**」は、It's hard to ...（～するのは大変だ）の It ... to ... 構文を使い、**It's hard to work while ...ing** とすれば OK です。

【解答例】　人の顔色をうかがいながら仕事をするのは大変だ。

It's hard to work while worrying about what everyone's thinking.

2 「**先方**」という言葉から、ビジネスシーンでの言葉と解釈します。

「**先方の顔色**」は「クライアントがどう思うか」と考えて、**how the client feels** と表現できます。feel には「感じる」「考える」「思う」といった、さまざまな思考が含まれるので、「顔色」の訳にふさわしいです。

「**出方を考えよう**」は「どうするかを決めよう」ということですから、**Let's decide what to do** と訳せます。

「うかがってから」は「様子を見たあとで」ということですから、after のあとに様子を見る際の動詞 see を ing 形にして使いましょう。

　例題の解答例で使った wait and see をあてると文がくどくなるので、すっきり **after seeing** とするのがいいでしょう。

【解答例】　先方の顔色をうかがってから、出方を考えよう。

Let's decide what to do after seeing how the client feels.

63 | 肩を並べる

「いつか彼と、肩を並べる日が来るだろう」

「肩を並べる」は、下に位置する者が、本来は上位にある者と対等な位置に立つことでしょうか。

英語にも似た言い回しがあります。**stand shoulder to shoulder with ...** は、**「たがいに協力して」**の意味で使われます。日本語の「肩を並べる」は「対等な立場に立つこと」ですから、ニュアンスとしてやや異なりますが、「同じレベルの者として協力し合う」と理解すれば、stand shoulder to shoulder with ... が使えます。

「対等の位置に立つ」を、シンプルに「同じレベルに達する」と言い換えれば、**reach someone's level** が最適です。

例題を**「いつか、あなたは彼と同じレベルに達するだろう」**と解釈すれば、**Someday you'll reach his level.** とたった5単語で表現できます。シンプルな表現は誤解されることもないので、これは便利な言い方です。

似た言い回しではありますが、reach someone's level は、be up to someone's level とすることも可能です。

英語としてはすぐに意味を理解できる reach someone's level のほうが自然ですが、日本語に近い表現でなおかつ似た意味合いの stand shoulder to shoulder with ... も、ぜひ覚えておいてください。

【**解答例**】 いつか彼と、肩を並べる日が来るだろう。

Someday you'll reach his level.
Someday you'll be able to stand shoulder to shoulder with him.

▶▶**英語にしてみよう**
1 彼女と肩を並べるには、まだ早い。
2 彼と肩を並べることができるよう、頑張る。

■1 「〜にはまだ早い」は「まだ〜ではない」と考えれば英語にしやすくなります。「あなたはまだ彼女と肩を並べてはいない」と解釈しましょう。

up to ... には「〜次第で」「〜に至るまで」のほかに、「〜と並んで」という意味があります。そのため **up to someone's level** は「〜のレベルに並ぶ」となり、「肩を並べる」と近いイメージの表現になります。

You're still not up to her level. で、**あなたはまだ彼女と肩を並べてはいない**➡「彼女と肩を並べるには、まだ早い」となります。

【解答例】 彼女と肩を並べるには、まだ早い。

You're still not up to her level.

■2 「〜できるよう、頑張る」は、「〜するために最善を尽くす」ということですから **I'll do my best to ...** とします。**彼と肩を並べる**は一番簡単な言い回しである **reach someone's level** を使い、**I'll do my best to reach his level.** とすれば OK です。

これももちろん、**I'll do my best to stand shoulder to shoulder with him.** としても英語として自然です。明快なのは前者ですが、日本語に近い表現で、なおかつあえてフォーマルに堅く表現するなら後者です。

【解答例】 彼と肩を並べることができるよう、頑張る。

I'll do my best to reach his level.

64 | 株が上がる

「仲間内で株が上がった」

「株が上がる」とは、個人の評判や評価が上がることですね。

ここで言う「株」とは、営業上の特権や資格、また身分や地位などを指します。英語に同じイメージの言葉はないので、言い換えましょう。

「株」を「地位や立場」に置き換えて考えれば、improve one's status（〜の立場を向上させる）、「尊敬」と考えるなら gain respect（尊敬を集める）や respect someone more（〜をさらに尊敬する）などと表現できるでしょう。status を使った文にするならば、「仲間内での status が上がった」と考え、**My status among my friends improved.** です。**My status among my friends** で「仲間内での status（株）」、「上がった」は improve の過去形を使います。動詞の improve には「さらに良くする、向上させる」などの「前よりも良くなる」意味合いが含まれるので、「株が上がる」のイメージにふさわしい動詞と言えます。

respect を使うならば **My friends started to respect me more.**（仲間が私をより尊敬しはじめた➡仲間内で株が上がった）とするといいでしょう。

started to respect me more と start to ... を使うことで、「**（前はそうではなかったが）、それまでより〜しはじめた**」つまり「**前はそう尊敬されてはいなかったが、以前にも増して尊敬されるようになった**」というニュアンスを出せます。単語の選び方ひとつで、より奥深い英語にできる例と言えます。

【解答例】　仲間内で株が上がった。

My status among my friends improved.

My friends started to respect me more.

---

1 研究プロジェクトがうまくいき、非常に株が上がった。
2 コンクールで優勝し、彼女は株が上がった。

1 「研究プロジェクトがうまくいき、私は非常に株が上がった」と文全体を言い換えます。主語は I（私は）にし、**gain respect（尊敬を集める）**のフレーズを使うと英語にしやすくなります。

「うまくいく」は go well で、「非常に」は a lot of（たくさん）で表現しましょう。when my research project went well（研究プロジェクトがうまくいき）は、文の前でもあとでも構いません。株が上がったことをメインに伝えるなら、when my research ... はあとのほうがいいかもしれません。

【解答例】 研究プロジェクトがうまくいき、非常に株が上がった。

I gained a lot of respect when my research project went well.

---

2 「コンクールで優勝したあと、彼女の評価は上がった」という意味です。

まずは**「コンクールで優勝したあと」**ですから、前置詞の after ＋動詞の ing 形を使い、**After winning the contest** とします。

そのあとに**「評価が上がった」**ですから、今回は reputation（評価）を使い、her reputation improved としましょう。

improve とともに使う名詞は、「地位や立場」なら status、「評価」なら reputation と、文脈に応じて使い分けると、うまく英語にできます。

【解答例】 コンクールで優勝し、彼女は株が上がった。

After winning the contest, her reputation improved.

65｜かまをかける

「隠し事はないか、彼にかまをかけてみよう」

「かまをかける」とは、自分が知りたいことを明かすように、うまく相手を誘導して話をさせることでしょうか。

　残念ながら、これに相当する英語はありませんから言い換えましょう。ある意味、相手をだますような行為ですから、**trick（トリックにかける、計略でだます）**を使うと、うまく訳せます。

　例題は「隠し事をしているか知るために、彼をだまして白状させよう」ということですから、**trick someone into ...（[人]をだまして〜させる）**のフレーズが使えます。

「隠し事をしているか」は if he's hiding something で、また**「白状する」**は confess で表現できます。よって**「彼をうまくだまして白状させる」**は trick him into confessing です。「だまして〜しよう」は誘いの言葉 Let's で始めて、Let's trick him ... とし、すべてをつなげて Let's trick him into confessing and see if he's hiding something. とすることができます。

　これは語順を入れ替えて、**Let's see if he's keeping something secret by tricking him into confessing.（彼が何か秘密を抱えているか、彼をだまし白状させて確かめよう）**としても、ほぼ同じ意味になります。

「だます」の類語として、hoax, dupe, hoodwink などの動詞がありますが、trick が一番明確に意味を伝えられます。

【解答例】隠し事はないか、彼にかまをかけてみよう。

Let's trick him into confessing and see if he's hiding something.
Let's see if he's keeping something secret by tricking him into confessing.

---

1 彼らにかまをかけられて、つい本音を言ってしまった。
2 あんな風にかまをかけるなんて、彼はあまりに卑怯だ。

1 日本語は受動態ですが、英語は能動態のほうが明快な文になります。「彼らは私をだまして、本音を言わせた」という文にしましょう。

「本音を言う」は express one's true feelings です。そして先ほどの trick someone into ... を使って、**They tricked me into expressing my true feelings.** と表現できます。

> 【解答例】 彼らにかまをかけられて、つい本音を言ってしまった。
>
> They tricked me into expressing my true feelings.

2 「彼はあまりに卑怯だ」は、「彼はとても卑怯だ」と考えればいいでしょう。**「～するとは、～はあまりに～だ」**は、That's so ... of ... to ... の構文が使えます。**「卑怯な」**は cowardly,**「あんな風に」**は like that なので、**That's so cowardly of him to trick me like that.** と表現できます。「卑怯な」を「意地悪な」というニュアンスととれば、mean としてもいいでしょう。

ちなみに、特定の具体的な物事を指す時の主語は It ですが、文全体を指す時は That となります。この問題文の場合「あんな風に」と、それまで何かしらのストーリーがあったと思われるので、That で言い表すことができます。

> 【解答例】 あんな風にかまをかけるなんて、彼はあまりに卑怯だ。
>
> That's so cowardly of him to trick me like that.

66 | 気が気でない

「試験に合格するか、気が気でない」

「気が気でない」は、何か気がかりなことがあり、心配で落ち着かない様子を指すようです。

英語に同じような言い回しはありませんが、日常生活でもよく使う worried about ...（～が気になる）や、not sure if ...（～かどうかわからない）、not stop worrying about ...（～が気になって仕方ない）といった言い方で十分対応できます。

「試験に合格するか」を丁寧に表現すれば、if I'll pass the exam or not（試験に合格するかしないか）ですが、I'm worried about the test.（テストが気になる）が自然な言い方です。

もうひとつ挙げるならば、I'm not sure if I'll pass the exam or not. ですが、やや硬い表現だと思われるかもしれません。

I can't stop worrying about if I'll pass the exam or not. とも言えますが、「試験に合格するかどうか、心配で心配でたまりません」のような感じで、冗長に感じます。英語には「気が気でない」のような慣用句は存在しないので、このような言い方をする人はまずいません。

「英語として自然な表現となること」、そして「正しく意味が伝わること」を第一に考えて英語で言い換えるようにしましょう。

【解答例】 試験に合格するか、気が気でない。

I'm worried about the test.
I'm not sure if I'll pass the exam or not.

1　無事に生まれるか気が気でないので、彼は散歩に出た。
2　気が気でないのはわかるが、今さら心配しても仕方ない。

1　まず主語と動詞を決めましょう。主語は He（彼）ですが、動詞は関係詞 that をあてて was worried that という言い方にしましょう。**「無事に生まれるか」**は「出産で何か問題がないかどうか」と言い換えて、something might go wrong with the birth としましょう。「～なので、彼は散歩に出た」は、理由を表す so で始めて、he went for a walk とすれば大丈夫です。

「無事に生まれるか気が気でない」を**「妻子が気になって仕方ない」**と取れば、He couldn't help thinking about his wife and child. とも表現できます。

【解答例】　無事に生まれるか気が気でないので、彼は散歩に出た。
He was worried that something might go wrong with the birth, so he went for a walk.

2　「気が気でないのはわかるが」は、「心配なのはわかるが」と取れば、英語にしやすいです。シンプルに I know you're worried, but ... とすれば、日常会話でも使えるフレーズになります。

「～するのは仕方ない」も、英語でどう表現すればいいか悩むところですが、「～するのは役に立たない」と考えて not help を使うと、うまくニュアンスが表現できます。it ... to ... 構文の否定形を使えば、**it's not going to help to worry now（今さら心配しても仕方ない）**と言えます。

【解答例】　気が気でないのはわかるが、今さら心配しても仕方ない。
I know you're worried, but it's not going to help to worry now.

67 | きまりが悪い

「人前で失敗してしまい、きまりが悪い」

「きまりが悪い」は、困惑や恥ずかしさ、ばつの悪さなどを感じて、自信を持って人前に出られない様子を言うのではないでしょうか。

　ここでいう「きまり」は「決まり＝秩序」のことで、「秩序が悪い」とは「秩序が乱れる」こと、つまり何らかの秩序を乱すようなことをしてしまい、他の人に面目が立たず、恥ずかしい思いをする…というのが語源のようです。英語にするにあたっては、このさまざまな感覚を表現したいところです。「人前で恥ずかしい思いをする」なら be embarrassing や be embarrassed,「間違う、へまをする」なら mess up,「気まずい思いをする」なら feel awkward などと言い換えられます。文脈や、それぞれの単語が持つニュアンスを考えて使い分けましょう。

　例題を「人前で失敗することは、恥ずかしい思いがする」と取れば、It ... to ... 構文を使って、It was embarrassing to make a mistake in front of everyone. と表現できます。

　また、mess up と embarrassed を用いて、Everyone saw me mess up, so I was so embarrassed.（みんなが私の失敗を見たので、とても恥ずかしい思いをした）などと言い換えることもできます。

　感情表現は、形容詞の語彙力で決まります。ぜひ、さまざまな気持ちを言葉として表せるように、日頃から形容詞の語彙の増強を心がけましょう。

【解答例】　人前で失敗してしまい、きまりが悪い。

It was embarrassing to make a mistake in front of everyone.
Everyone saw me mess up, so I was so embarrassed.

---

1 間違い電話をし、きまりが悪い思いをした。
2 部下の失敗を、ジョージはきまり悪そうにお詫びした。

1「間違い電話をした」は「間違った番号に電話をかけた」と考えれば、I called the wrong number と言えます。そして**「そのことで私は気まずく感じた」**ですから、**and it felt kind of awkward** とすれば、間違い電話をかけてしまった気まずさや、申し訳なさを表現できます。

awkward のかわりに embarrassed も使えますが、awkward が気まずさや無様な様子を表すのに対し、embarrassed は主に失敗による恥ずかしさを指すため、文脈的には awkward が適切です。

【解答例】 間違い電話をし、きまりが悪い思いをした。

I called the wrong number, and it felt kind of awkward.

2 接頭辞の awk- には「不自然な、ぎこちない、気まずい」といった意味があり、形容詞の awkward や副詞の awkwardly にも反映されています。

動詞＋ awkwardly で「きまり悪そうに〜する」「ぎこちなく〜する」となり、気まずそうに何かをする動作を表現できます。ここでは**「きまり悪そうにお詫びする」**ですから apologize awkwardly,「部下の失敗に対して」は、for a mistake made by his staff です。

【解答例】 部下の失敗を、ジョージはきまり悪そうにお詫びした。

George apologized awkwardly for a mistake made by his staff.

68│灸をすえる

「親から灸をすえられた」

「灸をすえる」とは、戒めのためにきつく注意したり、罰を与えたりしてこらしめることですね。本来は、漢方療法のひとつである灸を体に置くことでしたが、転じて上記のような意味で使われるようになったようです。

意外かもしれませんが、英語にも似たような表現があります！

rake someone over the coals で、「～にお灸を据える」「～をきびしく叱る」といった意味を表現できます。

rake は「熊手、レーキ」のことで、動詞は「かき集める、掃く」「ならす」といった意味で用いられます。rake over は「（過去を）思い起こさせる、ほじくり返す」、coal は「石炭、炭」です。

似た表現の rake over the coals は「過去をほじくり返す、（物事を）蒸し返す」で、coals を ashes（灰）と言い換えても同じ意味で使えます。

お灸のもぐさは燃えると灰になりますから、まさに「灸をすえる」と rake someone over the coals は同じイメージの言い回しと言えるでしょう。

「～をきびしく叱る」は、get angry at ...（～に怒る）や yell at ...（～を怒鳴りつける）、get after ...（～を責めたてる）などとシンプルに言い換えられます。

ただし、「灸をすえる」のニュアンスを十分に表現できるのは rake someone over the coals ですので、ぜひお試しください。

【解答例】 親から灸をすえられた。

My parents raked me over the coals.
My parents got angry at me.

---

1 懲りてないみたいだから、彼にお灸をすえないとね。
2 彼は灸をすえないと、わからないようだ。

1 「懲りてないみたいだ」も、むずかしい表現ですね。言い換えて、**not learn anything（何も学んでいない）** とすればいいでしょう。

「灸をすえる」は、「（懲りていないことを）叱る」と解釈すると、英語として表現しやすくなります。「**〜に叱ってもらったほうがいいかもね**」は、**maybe you need to get after ...** です。136 ページに示したように、句動詞の **get after ...** には「**〜を責めたてる、叱る**」という意味があります。**need to ...** は「〜する必要がある」というより、「〜しないと、〜しなきゃ」というニュアンスを表現します。

もちろん、**maybe you need to rake him over the coals** としてもよいですが、気軽な会話文なので簡単な表現にするのがいいと思います。

> 【解答例】懲りてないみたいだから、彼にお灸をすえないとね。
> It looks like he hasn't learned anything, so maybe you need to get after him.

2 「あなたが彼を怒らないと、彼は理解できないようだ」と言い換えてみましょう。「**〜までは（〜しない）、〜になってやっと〜**」を表現できる否定語＋ until を使い、**He's not going to understand until you get angry at him.** とすると、日常会話でも使える平易な文になります。「〜しないようだ」と意思を伝えるなら、be going to の否定形がおすすめです。

> 【解答例】彼は灸をすえないと、わからないようだ。
> He's not going to understand until you get angry at him.

69 | くぎをさす

「余計なことを言わないよう、彼にくぎをさした」

「くぎをさす」とは、後々何かトラブルが起きないよう注意することのようです。伝統的な日本建築では、釘を使わない工法を用いていましたが、江戸時代から「念のためにくぎを刺す」ようになり、この言葉が生まれたとされます。「注意する、用心する」際にもっともよく使う言葉は warn です。**warn A to B** で、「**A に B するよう注意する**」➡「**A に B するよう、くぎをさす**」となります。動詞としては、他に watch（注意する）や caution（警告する、戒める）も使えます。

「余計なことを言わないよう」の「余計なこと」は、「くだらないこと、ばかなこと」と考えれば、stupid があてられます。**not to say anything stupid** で、「**何かくだらないことを言わないように**」という意味になります。

あわせて、**I warned him not to say anything stupid.** で「**何かくだらないことを言わないよう、私は彼に注意した**」➡「**余計なことを言わないよう、彼にくぎをさした**」となります。

caution against ... で「〜に対して警告する、〜にくぎをさす」ですから、I cautioned him against saying anything that would cause problems. とすることができますが、日常的に使うにはやや冗長かもしれません。あるいは、**I told him to watch his words.（言葉に気をつけるよう、彼に言った）**と言うこともできるでしょう。これは発言を注意する際によく使うフレーズです。

【解答例】余計なことを言わないよう、彼にくぎをさした。

I warned him not to say anything stupid.
I told him to watch his words.

1 このことを秘密にするよう、くぎをさされた。
2 くぎをさしたのに、彼はまた同じことをした。

1 「くぎをさされた」と受動態ですから、be warned to ...（〜するよう注意された）が使えます。「秘密を守る」は keep a secret ですから、あわせて I was warned to keep this a secret.（このことを秘密にするよう、注意された）です。be told to ... も「〜するよう言われる」と強い口調のイメージになりますから、I was told to keep this a secret.（このことを秘密にするよう、言われた）と同様の意味になります。

【解答例】 このことを秘密にするよう、くぎをさされた。
I was warned to keep this a secret.

2 シンプルに「私は彼にくぎをさしたが、彼はまた同じことをした」と言い換えれば、I warned him, but he did the same thing again. となります。

Despite warning, he did the same thing.（警告にもかかわらず、彼は同じことをした）や、I told him not to do it, but he did it again anyway.（やめるよう言ったのに、彼はまたやってしまった）といった言い回しもよく使います。注意の度合いの高い順に、caution ＞ warn ＞ tell です。caution は「警告する」と訳されるように、かなり強い注意喚起となりますから、あまり使わないほうがいいかもしれません。tell は状況によっては、「単に発言をする」と取られます。 一般的に注意を促す warn がここでは最適です。

【解答例】 くぎをさしたのに、彼はまた同じことをした。
I warned him, but he did the same thing again.

70 | けじめをつける

「物事のけじめは、つけなければいけない」

「けじめをつける」は、自分が犯した過ちなどについて、周りにはっきりとわかる形で責任を取ることでしょうか。「けじめ」は、物と物の区別や、節度ある態度のことを言いますね。

「区別をつける」「一線を画す」という意味で取ると、draw the line がイメージに近くなります。原義は「線を引く」ですが、転じて「けじめをつける」と同様の意味で用いられています。**draw the line between A and B で「A と B の間で一線を画す」**です。「物事のけじめ」とは、「正しいことと、間違ったことの区別」と取ることができますから、**draw the line between right and wrong** という言い方が使えます。

「明確にする、はっきりさせる」と取れば、**clarify** を使うことも可能です。

　例題を大きく言い換えて、「物事のけじめ」を「責任問題」と考えれば、「誰にどのような責任があるかを明確にしなければいけない」と解釈できますから、**We need to clarify who's responsible for what.** と表現できます。who's responsible for what は「誰にどのような責任があるか」です。

　ちなみに「〜しなければいけない」と相手に伝えるなら、You have to ..., もしくは You need to ... が使えます。ふたつの違いは、You have to ... が自主的にやるべきだと伝えているのに対し、You need to ... は外的要因でやらなければいけないと必然性を伝えている点になります。

【解答例】　物事のけじめは、つけなければいけない。

You have to draw the line between right and wrong.
We need to clarify who's responsible for what.

---

1 公私のけじめは、つけなければいけない。
2 けじめをつけるために、辞職する。

1 「公私」は「公の生活と、プライベートな生活」ということですから、private and professional life です。日本語の「公私」とは語順が逆になります。きびしく相手に注意する言い方ですから You need to ...（〜しなければいけない）を、また「公私の線引きをする」と考えて、draw the line between A and B を使いましょう。「公私を混同すべきではない」と取れば、You shouldn't mix your private life and your professional life. とも訳せます。

【解答例】 公私のけじめは、つけなければいけない。
You need to draw the line between your private life and your professional life.

2 「けじめをつける」を、何かと「決別する」という意味で取れば、make a clean break（きっぱりと別れる、決別する）で表現できます。「辞職する」は resign ですから、I've decided to resign in order to make a clean break.（きっぱりと決別するために辞職することを決めました）とすれば、フォーマルな言い方になります。もっとくだけた言い方にするならば、「辞職」は step down, 「〜する」は be going to ... で表現し、I'm going to step down to make a clean break. とすればいいでしょう。「〜するために」という目的を示す言い方も、in order to より、単なる to のみのほうが柔らかく表現できます。

【解答例】 けじめをつけるために、辞職する。
I've decided to resign in order to make a clean break.

71 | 心を鬼にする

「心を鬼にして、彼を叱った」

「心を鬼にする」とは、相手を思いやりながら、あえてきびしい態度を取ることでしょうか。

英語に同じ表現はありませんが、近い表現の言葉の tough love を使うといいでしょう。

tough love は「(人の悪習などを治すための) 愛の鞭、きびしいが親切な態度」を意味し、show someone tough love は「〜にあえてきびしい態度を見せる、愛の鞭を見せる」。I showed him some tough love. とすれば、「彼に愛の鞭を見せた」➡「彼にあえてきびしい態度を見せた」➡「心を鬼にして、彼を叱った」と表現できます。

some tough love と some をつけたのは、「ちょっとした愛の鞭」、つまり「(本物の鞭ではなく) 愛情ゆえの鞭」であることを強調するためです。

「子のためを思って叱った」と解釈すれば、I scolded him for his own good. とすることもできます。for one's own good は「本人のために」ですから、I scolded you for your own good. なら「あなたのためを思って叱ったんだ」となります。

また「しつけだと思って怒った」と言い換えて、I got angry at Henry to discipline him.(しつけだと思ってヘンリーを怒った➡心を鬼にしてヘンリーを叱った) などとしても、似た意味になります。

【解答例】 心を鬼にして、彼を叱った。

I showed him some tough love.

I scolded him for his own good.

1 　彼へのしつけのため、心を鬼にした。
2 　時には心を鬼にする必要がある。

1 「しつけ（をする）」とは本来、相手を思いやってすることですね。「ケアする」の元の言葉 care には**「気にかける、心配する」**などの意味があり、because I care for him で「彼を心配する思いから」➡「彼へのしつけのため」。「心を鬼にした」を「怒った」と取れば、I got angry at him because I care for him. で「心配して彼を怒った」➡「しつけのため、心を鬼にした」です。動詞の discipline（しつける）を使うなら、I got angry at him to discipline him. となりますが、discipline には「規律に従わせる」ニュアンスがあるので、care より強引なイメージになります。

「愛の鞭を見せた」と解釈すれば、I showed him some tough love. としてもいいでしょう。

【解答例】 彼へのしつけのため、心を鬼にした。
I got angry at him because I care for him.

2 「時々は愛の鞭を使う必要がある」と言い換えれば、You sometimes need to use tough love. と言えます。また、Spare the rod, and spoil the child.（**子供は甘やかすとだめになる／可愛い子には旅をさせよ**）という諺があり、これをそのまま使ってもいいでしょう。

【解答例】 時には心を鬼にする必要がある。
You sometimes need to use tough love.

72 | 心を許す

「彼女は彼にだけ心を許している」

「心を許す」は、信用して警戒心をゆるめること、気を許すことを示すようです。これに近い英語の言い方に、**let one's guard down** があります。

ボクシングなどの「ガード（防御）を下ろす」が原義ですが、転じて「警戒を解く、気をゆるめる、油断する」などの意味で使われるようになりました。

例題は、主語を「彼」にすると英語にしやすくなります。**「彼は彼女が気を許すことのできる唯一の人だ」**とすれば、He is the only person she could let her guard down with. と表現できます。「～に気を許す」ですから、最後に with をつけるのを忘れないようにしましょう。

また「彼は彼女が信じる唯一の人だ」と端的に言い換えられます。すると、He's the only one she can trust. と自然な言い方にできます。

シンプルに、**She only trusts him.（彼女は彼だけを信じている）**などと言い換えてもいいでしょう。たった4単語ですが、意図していることは明確に表現されています。

英語は、同じ言葉の繰り返しを嫌います。パラフレーズ（言い換え）が常に求められますから、ふだんからさまざまな言い方で表現するよう心がけましょう。

【**解答例**】 彼女は彼にだけ心を許している。

He's the only person she could let her guard down with.
He's the only one she can trust.

1　これも「**彼女は誰も信じることができない**」と大胆に言い換えると、She can't trust anyone. と、非常にシンプルで明快な英語にできます。

「心を許す」は open up to ...（〜に心を許す、〜に打ち解ける）を使えば、There's no one she can open up to.（彼女が心を許せる人は一人もいない）と表現できます。

> 【解答例】 彼女は誰にも心を許さない。
>
> She can't trust anyone.

2　このままでは英語にしにくいので、「敵がそばにいる時、心を許さないように」などと言い換えてみましょう。

「**〜しないように**」という注意を促す言い方は、Make sure you don't ... を使うと、うまく何かを禁止するニュアンスを出せます。

「**敵が周りにいる時**」は when you're around your enemy と、「**心を許す**」は let one's guard down と言えます。

　あわせて Make sure you don't let your guard down when you're around your enemy. で「敵がそばにいる時、心を許さないように」→「敵に心を許すわけにいかない」となります。

> 【解答例】 敵に心を許すわけにいかない。
>
> Make sure you don't let your guard down when you're around your enemy.

73 | サバを読む

「彼女は年齢のサバを読んだ」

「サバを読む」は、便宜をはかって数量をごまかすことを言うように思います。

lie には「嘘をつく」のほかに「(外見などが) 人の目を欺く」という意味もあるので、「年齢のサバを読む」を英語にするのに、ぴったりだと思います。**「彼女は年齢で嘘をついた」**とすれば、She lied about her age. となります。

ただし「サバを読む」は「嘘をつく」というよりは「ごまかす」に近い、ちょっとした「ズルさ」が感じられます。そこで、**「ごまかす、でっちあげる」**という意味の動詞、fudge を使って表現してもいいでしょう。**「彼女は5歳、サバを読んだ」**は、She fudged her age by five years. となります。

もうひとつ、あまり馴染みがない動詞だと思いますが、fib も使えます。fib には**「小さな (罪のない、軽い) 嘘をつく」**という意味があるため、「サバを読む」のイメージにピッタリです。fib about ... は**「〜について嘘をつく」**ですから、She fibbed about her age. で**「彼女は年齢について嘘をついた」**➡**「彼女は年齢のサバを読んだ」**となります。

厳密に訳すなら、fudge や fib のほうが「サバを読む」に近い言葉かもしれません。ですが、どちらもネイティブもそう日常的に使う言葉ではありません。誰にでもわかる英語にしたいなら、lie about ... を使ったほうが、誤解なく言葉の意味を伝えられます。

【解答例】 彼女は年齢のサバを読んだ。

She lied about her age.

She fudged her age (by five years).

---

1 サバを読んで親にテストの点を伝えたら、バレた。
2 アンケートで、サバを読んで身長を答えた。

1「親にテストの点について嘘をついたら、バレた」と考えましょう。

前半は I lied to my parents about my test score と表現できます。「バレた」は get caught（バレる、捕まる）を過去形にして表現できます。

I fudged to my parents about my test score ... や、I fibbed to my parents about my test score ... とすることも可能です。

【解答例】 サバを読んで親にテストの点を伝えたら、バレた。

I lied to my parents about my test score, and I got caught.

2「アンケート」という言葉は要注意です。これはフランス語の enquête が語源の言葉ですから、英語として通じません。「アンケート」は survey または questionnaire です。

違いは、survey が人の意見や経験を「調査する」ことに対し、questionnaire は調査を目的とした「質問表やアンケート用紙」を指すため、口頭でのアンケートであれば survey です。ここでは on the survey（アンケートで）としましょう。

「身長について嘘をついた」ということですから、I lied about my height です。これも fudge や fib を使って表現できます。

【解答例】 アンケートで、サバを読んで身長を答えた。

I lied about my height on the survey.

---

74 | 様になる

「彼は何をしても様になる」

「様になる」とは、何かをする様子がふさわしい格好になること、似合うことでしょうか。

「似合う、かっこいい」と解せば、look good が最適です。例題を**「彼がやることは何でもかっこいい」**と言い換えれば、Everything he does looks good. と表現できます。**「何をしても様になる」**を**「何でもうまくやる」**と取れば、always do a good job / always do good work も使えます。He always does a good job. または He always does good work. で、**「彼はいつもうまくやる」 ➡ 「彼はいつも様になる」**というイメージです。

同様の言葉、go smoothly（**順調に進む、うまくいく**）なら、Everything he does goes smoothly.（彼がやることはすべてうまくいく）となります。多少言い換えて、He always looks good in everything he does. や Everything he does appears to be good. / Everything he does looks great. などとしても OK です。

反語的にとらえて、**「彼は決してしくじらない」**と言い換えれば、mess up（**しくじる、へまをする**）を使って、He never messes up. と表現できます。やや大げさに screw up（**大失敗する、やらかす**）を用いて、He never screws up.（彼は決してやらかしたりはしない）としても、彼の完璧な「様になった」イメージを伝えることができるでしょう。

【解答例】 彼は何をしても様になる。

Everything he does looks good.
He always does a good job.

---

1 様になる髪型にしたい。
2 初めてのスーツだが、様になっている。

■ 「**かっこいい髪型**にしたい」と言い換えると、英語にしやすくなります。一番シンプルな言い方は、**I want a hairstyle that looks nice.** でしょう。

look good と look nice の違いは、look good がよもすると「（まあまあ）よく見える」と取られる可能性があるのに対し、look nice は「よく見える」と確実によい評価として受け取られる点でしょう。

good は場合により「いつも通りによい」程度のニュアンスに取られる場合があります。この問題のように、明らかに「良い」を意味する場合は nice のように明確に「良い」を意味する単語を用いるのがおすすめです。

【解答例】 様になる髪型にしたい。

I want a hairstyle that looks nice.

■ look nice なら「**良く見える**」➡「**様になっている**」となります。「**これは初めてのスーツですが、よく見える**」は This is his first suit, but he looks nice. ですが、He looks nice in his first suit. （初めてのスーツでよく見える）としてもいいでしょう。前置詞の in で「（服を）着て」という意味になります。「**初めてのスーツ**」は one's first suit と言えば大丈夫です。

【解答例】 初めてのスーツだが、様になっている。

This is his first suit, but he looks nice.

75 | しっぽをつかむ

「泥棒のしっぽをつかんだ」

「しっぽをつかむ」とは、化けた狐や狸のしっぽをつかんで正体を暴くことからきた言葉で、人の悪事や隠し事などの証拠をつかむことを言うと思います。イコールとなる言葉は英語にないので、言い換えましょう。

例題は、結果的には「泥棒が誰かわかった」ということになります。それを端的に伝えるのであれば、I know who the thief is.（誰が泥棒かわかった）が一番シンプルでしょう。「しっぽをつかむ」＝「泥棒だとわかる（証拠をつかんだ）」となります。

ただしこれだと、「しっぽ（証拠）をつかむ」に至るまでの、「探し出すイメージ」が表現できません。「逃げようとする者を追い求める」ニュアンスを出したいところです。

動詞の track には「跡をたどる、追跡する」という意味があり、track down で「見つけ出す、追い詰める、追跡して捕らえる」感じが言い表せます。I tracked down the thief. なら「私は泥棒を追跡し、つかまえた」となり、これならうまく追い求めるイメージも出せます。

他に、I caught the thief.（泥棒をつかまえた）や、I know who stole it.（誰が盗んだかわかっている）などと表現することも可能でしょう。

慣用句自体が「本来言わんとすること」を、いかに明快な英語にするかが、翻訳の妙です。

【解答例】　泥棒のしっぽをつかんだ。

I know who the thief is.

I tracked down the thief.

1　横領のしっぽをつかむのはむずかしい。
2　極秘任務は、しっぽをつかまれずに遂行しなければいけない。

1「横領のしっぽをつかむ」は「横領の犯人を見つける」と言い換えられます。「横領犯」は embezzler です。「横領犯を見つけるのはむずかしい」と言い換えれば、It's hard to find embezzlers. と明確に表現できます。

　track down を使い、It's not easy to track down people who embezzle.（横領した人を見つけ出すのは簡単ではない）と言うこともできます。これは It's hard to ... で始めても問題ありません。フォーマルに言うのであれば、In embezzlement cases, it's hard to find the criminal.（横領事件では、犯人を見つけるのはむずかしい）としてもいいでしょう。

> 【解答例】 横領のしっぽをつかむのはむずかしい。
>
> It's hard to find embezzlers.

2「極秘任務」は secret missions,「しっぽをつかまれずに」は「つかまることなく」= without getting caught とすれば、ほぼ同じイメージが表現できます。「極秘任務は、つかまることなく遂行しなければいけない」と言い換えて、We need to carry out secret missions without getting caught. とすることができます。これは When we carry out secret missions, we have to be careful not to get caught.（極秘任務を実行する時は、つかまらないように注意しなければならない）と言うことも可能です。

> 【解答例】 極秘任務は、しっぽをつかまれずに遂行しなければいけない。
>
> We need to carry out secret missions without getting caught.

76｜すみに置けない

「私にとって彼女は、すみに置けない存在だ」

「すみに置けない」は、想像していたより優れていて、侮れないことを意味する言葉になるでしょうか。

　例題を「私にとって彼女は、見逃すことのできない人だ」と解釈すると、英語にしやすくなります。overlook で「見落とす、見逃す」ですから、can't be overlooked で「見逃すことができない」。For me, she's someone who can't be overlooked.（私にとって彼女は、見逃すことのできない重要な人だ）と言えます。someone には「重要な人、ひとかどの人物」といったニュアンスがありますから、これで「すみに置けない存在」の感じが十分に出ます。

「私にとって彼女は」と何かをたとえる際の切り出し文句は、「あえて言うなら」という意味で使いますが、これに相当する英語が If you ask me です。直訳すると「もしあなたが私に聞くなら」ですが、転じて「私に言わせれば」という意味で使われます。「すみに置けない存在だ」を、「かなり優秀だ（だから、侮れない）」と解釈すれば、例題を If you ask me, she's pretty sharp.（私に言わせれば、彼女はかなり優秀だ➡私にとって彼女は、すみに置けない存在だ）と表現できます。優秀さを表す言葉として have a lot going for ...（〜に有利な点がたくさんある）を使い、She has a lot going for her.（彼女には優れた点が数多くある）としてもいいでしょう。

【解答例】　私にとって彼女は、すみに置けない存在だ。

For me, she's someone who can't be overlooked.
If you ask me, she's pretty sharp.

1 想像以上にきみは優秀で、すみに置けない。
2 あなたは会社にとって、すみに置けない人だ。

1「きみは想像以上によくやっている」と言い換えることができます。

「想像以上によくやる」は、**do better than we expected** がピッタリな言い方です。現在進行形にすれば、感情を直接的に伝えることができます。

do better than を動詞 outperform（～よりパフォーマンスが優れている、～より優秀だ）1語で表現すれば、**You outperform our expectations.（きみは想像を超えて優秀だ）**などと言えます。

【解答例】 想像以上にきみは優秀で、すみに置けない。

You're doing better than we expected.

2「あなたは会社にとって、かけがえのない人だ」と言い換えられます。

irreplaceable には「（特別な物・人なので）他のものと置き換えられない、かけがえのない」という意味があるので、**You're irreplaceable for the company.** とすればいいでしょう。

This company needs you.（会社はきみを必要としている）などと言ってもいいかもしれません。飛躍しすぎているように思うかもしれませんが、英語はそもそもかなり大げさな言葉です。ネイティブの感覚からすると、これくらいの言い方でも違和感ありません。

【解答例】 あなたは会社にとって、すみに置けない人だ。

You're irreplaceable for the company.

77 | 精が出る

「庭仕事に精が出ますね」

「精が出る」は、元気よく物事に励むこと、活動することを言いますね。「精」とは心身の力のことでしょうから、「一生懸命さ」などと解釈することができます。

「懸命に取り組む」「力一杯何かをやる」と取れば、**work hard on**（一生懸命に取り組む）や、**get a lot done**（たくさんの仕事をこなす）、**focus on something**（何かに集中する）などと表現できます。

「庭で一生懸命働いていますね」と考えれば、Looks like you're working hard on your garden. と言えます。 look like で「～（のよう）ですね」と呼びかける言い方にできます。また you're working ... と現在進行形にすれば、今まさに進行中の動作であると表現できます。**work hard on one's garden** とすれば、**「庭で一生懸命働く」➡「庭仕事に励む」** となり、「庭仕事に精が出る」のイメージになります。

　Your garden is looking nice.（素敵な庭ですね）などと声をかければ、その人の庭仕事をさりげなくほめることができます。

　このような間接的なほめ方は1ランク上の英語表現となります。ぜひ使ってみましょう。

【解答例】 庭仕事に精が出ますね。

Looks like you're working hard on your garden.

Your garden is looking nice.

▶▶英語にしてみよう
1　今日は気分がいいので、仕事にも精が出る。
2　私は毎日、朝早くから勉強に精を出す。

1 「**今日は気分がいい**」は、I'm feeling great today や I'm in a good mood といった一般的な機嫌の良さを表す決まり文句を使いましょう。そのあとは「**だから、たくさんの仕事がこなせそうだ**」と解し、so I'm going to get a lot done または so I'll get a lot of things done などと続けます。

　ふたつの違いは、I'm going to ... だと「～するつもりだ」とあらかじめ予定を立てているニュアンスが、I'll ... だと「～しようかな」と気軽に思いついたことを口にしているニュアンスとなる点です。ただしそう大きな違いではありません。

【解答例】　今日は気分がいいので、仕事にも精が出る。

I'm feeling great today, so I'm going to get a lot done.

2　動名詞の主語にして Waking up early helps me focus on my studies. とすると、「**朝早く起きることで勉強に集中できる**」➡「**毎日、朝早起きして勉強に精を出す**」となります。
「**私は毎朝早く起きるから、一生懸命勉強できる**」と考えれば、I wake up early every day, so that's why I can study hard. と表現できます。

【解答例】　私は毎日、朝早くから勉強に精を出す。

Waking up early helps me focus on my studies.

---

78 | 先手を打つ

「先手を打つことが、ビジネスでは重要だ」

「先手を打つ」は、相手より先に何かを行うことで、自分が優位に立つことを言うように思います。似た言葉に「先手必勝」「機先を制する」などもありますが、いずれも「人より先に行動することが重要だ」という意味でしょうか。

　直訳して It's important to act first として、あとに「ビジネスでは」にあたる in business を続ければ、適切な言い方になります。

「先手を打つ」を「大胆に（する）」と取れば、It's important to be bold in business.（大胆でいることが、ビジネスでは重要だ）とも表現できます。

　形容詞の proactive（先回りした、積極的な）を使えば、「先手を打つ」を1単語で表現できます。It's important to be proactive in business. や、You need to be proactive in business. としてもいいでしょう。It's important to ...（〜することは重要だ）と、You need to ...（〜しなければならない）は、どちらも「必要性・重要性」を表わします。

　また、take the initiative（先手を打つ、先駆けをする）を使って、It's important to take the initiative in business. もしくは You need to take the initiative in business. としてもいいでしょう。

　似た発想は、英語にも複数あります。状況に応じて、ふさわしい表現を使い分けましょう。

【解答例】 先手を打つことが、ビジネスでは重要だ。

It's important to act first in business.
You need to take the initiative in business.

1　ライバル社の先手を打ち、取引先と交渉し始めた。

2　先手必勝だ。

1　ビジネスで先手を打って交渉するのであれば、get the jump on ...（[ライバルなど] より先に行動を起こして優位に立つ）が使えます。We got the jump on our rivals は「ライバル社の先手を打った」、and started negotiating with our clients は「そして取引先と交渉しはじめた」です。

もしくは、get a head start（[競争相手より] 有利なスタートを切る）と start talks with ...（〜と交渉を始める）を使って、We got a head start and started talks with our clients.（先手を打ち、取引先と交渉を始めた）とすることも可能です。

【解答例】 ライバル社の先手を打ち、取引先と交渉し始めた。

We got the jump on our rivals and started negotiating with our clients.

2「先に攻撃すれば、必ず勝てる」という意味の言い回しですが、英語にも同様の諺があります。Don't put off until tomorrow what you can do today.（今日できることは、明日に延ばすな）や The early bird gets the worm.（早起きの鳥は虫を捕える）, You snooze, you lose.（寝坊は損をする）などです。「先手必勝」と同じイメージで使いましょう。ややなじみのない単語でしょうが、Don't procrastinate.（後回しにするな）もよく使います。

【解答例】 先手必勝だ。

Don't put off until tomorrow what you can do today.

79｜太鼓判を押す

「医者が太鼓判を押すくらい健康だ」

「太鼓判を押す」は、絶対によいものであることを人に保証することですね。そもそも「太鼓判」とは大形の印判のことで、転じて「確実な保証」となったようです。

　意外かもしれませんが、印鑑文化のないはずの英語圏にも似た表現があるのです。seal of approval で「承認印」、これを使って「検印、太鼓判、お墨付き」などの意味が表せます。

　seal はもともと「王や領主が信書などに蝋などで押印した印章」を指しました。その証印のイメージから、「封印、印鑑、証明」という意味でも使われるようになったのです。seal of ... は「～の印鑑・証明」、approval は「承認」です。例文を「医者が太鼓判を押したので、私は健康に違いない」と取れば、My doctor gave me his seal of approval, so I must be healthy. と表現できます。 give someone one's seal of approval で、「～に承認印を与える」➡「太鼓判を押す」。「お墨付きを与える」もこの表現で言い表すことができるでしょう。

「太鼓判を押す」は「保証する」という意味にも取れると思います。

　動詞 guarantee を使って My doctor guarantees that I'm in good health. とすれば、「医者は私が健康だと保証している」となります。

【解答例】 医者が太鼓判を押すくらい健康だ。

My doctor gave me his seal of approval, so I must be healthy.
My doctor guarantees that I'm in good health.

1　知人の太鼓判で、転職できた。
2　彼女なら太鼓判を押せる。

1　この場合の「太鼓判」は、事がうまく運ぶよう、言葉を添えてもらった、ということですね。よって「口添え」などと言い換えてみましょう。

「口添え」は put in a good word です。「**知人が口添えしてくれたので、私は新しい仕事を得ることができた**」と考えて、Someone I knew put in a good word for me, and that helped me get a new job. と表現できます。

「**友人の口添えで新しい職を見つけることができた**」なら、I found a new job with the help of a friend who put in a good word for me. と言えます。

【解答例】　知人の太鼓判で、転職できた。

Someone I knew put in a good word for me, and that helped me get a new job.

2　「**彼女はいい仕事をするから、保証できる**」ということでしょうから、She'll do a good job, I can guarantee it. と訳せます。

have someone's seal of approval で「**～のお墨付きを得ている、～の優秀さに～は太鼓判を押している**」ですから、She has my seal of approval. とすると、フォーマルな言い方になります。

seal of approval は、ややフォーマルな言い回しなので、会話などで気軽に使うなら、guarantee を使って表現するのがいいかもしれません。

【解答例】　彼女なら太鼓判を押せる。

She'll do a good job, I can guarantee it.

80 | 血の気が引く

「恐怖のあまり、血の気が引いた」

「血の気が引く」は、恐怖のために顔などの皮膚の色が青ざめることを言うように思います。

恐怖で顔色が青ざめるのは、洋の東西を問わず共通なようです。「血の気が引く」を「青ざめる」と言い換えれば、ほぼ同じイメージの言い回しが英語にもあります。

pale は「(顔色などが) 青白い、力のない」なので、go pale で「**青白くなる**」 ➡ 「**青ざめる**」、go pale with fear なら「**恐怖で青ざめる**」となります。

pale を white に変えた、go white with fear (**恐怖で顔面蒼白になる**) も同様の意味になります。

直訳に近い、be so scared that the blood drained from one's face (**とても怖かったので、顔から血の気が引いた**) も一般的な言い回しですから、She was so scared that the blood drained from her face. (彼女はとても怖かったので、顔から血の気が引いた) としても OK です。

blood drain from one's face (**～の顔から血の気が引く**) を使った、The blood drained from her face. (彼女の顔から血の気が引いた) のみでも、訳として通じます。

【解答例】 恐怖のあまり、血の気が引いた。

She went pale with fear.

She was so scared that the blood drained from her face.

1「血の気が引く（青ざめる、［顔面］蒼白になる）」のイメージは、英語としても非常に一般的です。文脈によっては、be pale/white だけでも十分に通じる表現となります。この文などは、ほぼ直訳の After seeing the accident, his face was pale/white.（事故を見て、青ざめた／顔面蒼白になった）で、ほぼその通りの意味が表現できます。

blood drain from one's face を使えば、After seeing the accident, all the blood drained from his face.（事故を見て、顔からすべての血の気が引いた）という英語にできます。

【解答例】事故を見て、血の気が引いた。
After seeing the accident, his face was pale/white.

2　go pale/white や blood drain from one's face は、あくまで「顔が青ざめる様子」ですから、「血の気が引くような光景」の場合、先ほどの言い回しが使えません。「悲惨な光景」と考え、terrible sight や horrible scene などと言い換えましょう。さらに「～から目を背けざるを得なかった」と解釈すれば I had to look away from,「～を見るのは耐えられなかった」なら I couldn't stand to look at ... です。

【解答例】血の気が引くような光景から、目を背けた。
I had to look away from that terrible sight.
I couldn't stand to look at that horrible scene.

81 | 血も涙もない

「あなたは血も涙もない人だ」

「血も涙もない」とは、人間らしい思いやりの心がなく、冷酷そのものである様子を言うでしょうか。

　英語にこのような表現はないので、冷酷さを表す言葉を使って表現しましょう。こんな時に物を言うのが、形容詞の語彙です。

　ネイティブがよく使う「人の冷たさ、残酷さ」を表す言葉として、terrible（ひどい）や mean（人につらく当たる）、cruel（残酷な）、cold-blooded（血も涙もない）、cold-hearted（冷酷な）、heartless（心がない）などがあります。You're so ...（あなたはとても〜だ）の「…」の部分に、それぞれの形容詞 を入れれば表現できます。

　副詞の so や really といった、「とても」に相当する言葉を使うのがポイントです。英語は大げさな言葉ですから、強調表現を入れることで、「血も涙もない」冷酷さをうまく伝えることができます。

　have a heart で「思いやりがある」ですから、それを否定形にして You don't have a heart.（あなたには思いやりの心がない）などと表現することも可能です。

「あなたの心は氷でできている」と考え、Your heart is made of ice. などとしても、心の冷たさが表現できます。

【解答例】　あなたは血も涙もない人だ。

You're so cruel / terrible / mean / cold-blooded / cold-hearted.
You don't have a heart.

---

1 元の日本語を英語にするのはむずかしいので、言い換えましょう。

「突然解雇するなんて」に解雇された驚きが表現されています。**上司が警告なしにあなたを解雇したのは信じられない**ととらえて、I can't believe your boss fired you with no warning. と表現できます。

そのことに対して「上司（彼）は残酷だ」と考えて、He's so ... と先ほど紹介した残酷さを表す形容詞を続けてみましょう。ストレートな英語にするのがむずかしい場合、〈説明＋感情表現〉と2段階に分けて考えると、明快な文になります。

【解答例】 突然解雇するなんて、上司は血も涙もない。

I can't believe your boss fired you with no warning. He's so cruel.

---

2 これもまずは、英語にしやすいように言い換えてみましょう。

「人は私を冷酷だと思っていると聞いて、とてもショックだった」などと考えると、英語にしやすくなります。

「〜して〜だった」という文なので、It was ... when ... の言い回しが使えます。It was quite a shock when I heard people thought I was heartless. としたらどうでしょう。もちろん heartless の部分は、先ほど挙げたほかの形容詞も使えます。

【解答例】 血も涙もないと言われ、ショックを受けた。

It was quite a shock when I heard people thought I was heartless.

---

82 | 調子がいい

「今日は朝から調子がいい」

「調子がいい」にはふたつの意味があるようです。体調や仕事などが順調であること、もうひとつは相手に合わせて意見を変えるなど、人の機嫌を取るのがうまいことです。ここでは日常的によく使う、前者の意味の言い方を紹介します。

「体調や機嫌がよい」は feel great（気分が良い）、be in high spirits（上機嫌で）などの表現があります。例題は I'm feeling great today.（今日は気分がいい）や I've been feeling great all day.（今日は 1 日調子が良い）、または My spirits are high today.（今日は気分がいい）などとすればいいでしょう（ちなみに、feel good は「まあまあ気分がよい」程度のニュアンスですから、明らかに「よい」と言いたいのであれば、great などの言葉を使いましょう）。

それに対し、「スポーツや仕事などの調子（パフォーマンス）が良い」と言う時は、on a roll（順調で、勢いに乗って）や go great（うまくいく）などのフレーズを使って、I'm on a roll.（絶好調だ）、Everything's going great today.（今日はすべてがうまくいっている）などと表現すれば、よいパフォーマンスができていると示すことができます。

どちらの意味でも使える言い回しに、**have a good day**（いい 1 日を送る）があります。**I'm having a good day.（今日はいい日だ）**などと言えば、体調のよさにも、パフォーマンスのよさにも使えるので便利です。

【解答例】 今日は朝から調子がいい。

I'm feeling great today.
Everything's going great today.

▶▶英語にしてみよう
1　調子がいい時こそ、慎重になるべきだ。
2　今日はピッチングの調子がいい。

1　警句のような言葉ですから、**You need to ...（～したほうがいい）** で始めるのがいいでしょう。**「慎重になる」** を **「とても注意深くなる」** と考え、**be especially careful** としましょう。

「調子がいい時こそ」 の「調子」は、体調や気分、機嫌、考え方を表せる **spirit** を使い、**when you're in good spirits** とすればうまく表現できます。

【解答例】 調子がいい時こそ、慎重になるべきだ。

You need to be especially careful when you're in good spirits.

2　164 ページで、スポーツなどのパフォーマンスのよさを表す言葉として **on a roll** を紹介しましたが、ここでこれを使い、**He's on a roll.（彼は調子がいい）** と表現できます。

　pitching（ピッチング） という言葉を使うのであれば、**His pitching is looking good.** で「彼のピッチングは調子が良さそうだ」➡「今日はピッチングの調子がいい」となります。pitching 部分を言い換えれば、さまざまな言い方ができます。

【解答例】 今日はピッチングの調子がいい。

His pitching is looking good.

---

83 | あいにく

「あいにく外出しております」

「あいにく」は、残念な知らせを伝える時に使う言葉で、期待や目的にそぐわず、申し訳ないという気持ちを表現すると思います。

　漢字では「生憎」と書きますが、これは「あやにく」という言葉の音が変化したもののようです。感動詞の「あや」に、形容詞の「憎し」を続けたもので、本来は「ああ（期待通りにならず）憎らしい」と悔しさを表す言葉でした。ですが、だんだん憎悪するニュアンスはなくなり、現在はおもに相手の期待に応えられず、申し訳なく思う気持ちを表す言葉として使われているようです。

　I'm afraid ...（あいにく〜、残念ですが〜）や unfortunately（あいにく、残念なことに）を使い、残念さを表すのがいいでしょう。

　まず I'm afraid ... と言えば、相手は意に反することを言われると覚悟できます。unfortunately は文頭にも文尾にも置くことができますが、初めにこれを口にすると、残念さが強調されてしまいます。

　日本語は主語を省略することが多いのですが、英語では主語が必要です。日本語の場合、電話などでは「あいにく外出しております」と言うことがよくありますが、英語では男性なら he を、女性なら she を入れるのを忘れずに。「外出している」は「オフィスから外出している」とすれば out of the office, 単に「ここにいない」なら not here です。

【解答例】　あいにく外出しております。

I'm afraid he's/she's out of the office now.

He's/She's not here today unfortunately.

1　あいにく雨が降ってきたので、外出はやめた。
2　パーティに参加したいのですが、あいにく風邪を引いてしまいました。

1　「あいにく」と残念さを強調したいなら、Unfortunately, を文頭に置くことで、相手にも話者のがっかりした気持ちが伝わります。

　副詞節や副詞句を文頭に置く場合、そのあとにはカンマが必要です（文尾の場合、カンマは不要です）。

「雨が降ってきた」は「雨が降り始めた」と解釈すれば、**it started to rain** と表現できます。「外出はやめた」は、シンプルに **I didn't go out（外出しなかった）**と言えば自然な英語になります。

【解答例】　あいにく雨が降ってきたので、外出はやめた。

Unfortunately, it started to rain, so I didn't go out.

2　「参加する」は attend を使えばいいでしょう。**I want to attend the party（パーティに参加したい）**と表現できます。「あいにく風邪を引いてしまいました」は、「あいにく風邪を引いた」と考えて、**I'm afraid I caught a cold** と言えます。

　2つを but でつなげて、**I want to go to the party, but unfortunately caught a cold.** とすれば、言葉にはしないものの、結果として「風邪を引いてパーティに参加できなかった」と表現できます。

【解答例】　パーティに参加したいのですが、あいにく風邪を引いてしまいました。

I want to attend the party, but I'm afraid I caught a cold.

84 | 手を焼く

「子育てに手を焼く」

「手を焼く」とは、どう対応すればいいかわからず、困惑している様子を指すのではないでしょうか。同様の表現に、「手に負えない」「手に余る」などもありますが、いずれもそうやすやすと対処できない状態を表すようです。

　簡単に物事を処理できず「しぶとい、手強い」などと考えれば、tough（手強い）や difficult（むずかしい）といった形容詞が使えます。

　例題は単に Raising kids is tough.（子育ては大変だ）と表現できますが、それだと困惑している様子までは伝わりません。あとに **I'm at my wit's end.（途方に暮れている）** などを続けると、手を焼いている状況がうまく表現できます。**at one's wit's end** で **「途方に暮れて」** です。

　また、名詞の handful（一握り、少量）を使った **be a handful** で **「手に余る」** も、「手を焼く」に近い表現となります。これは「どうしても少量手に残ってしまう（完全にゼロにできない）」➡「手に余る」➡「手を焼く」と解釈すると、日本語と同様のイメージになります。そのため、**These kids are a handful.（子供に手を焼いている）** などと表現するのが自然です。

　大変さをフォーマルに強調するなら、**have a hard time doing something（〜するのは大変だ）** とすることも可能です。ですが、「子育てに手を焼く」といった日常的な話題であれば、解答例のようにシンプルな表現を使ったほうがネイティブらしい言い方になります。

【解答例】 子育てに手を焼く。

Raising kids is tough. I'm at my wit's end.
These kids are a handful.

---

1 書類の準備に手を焼いている。
2 手を焼くことがあれば、言ってください。

1 ビジネスの話題なので、フォーマルに have a hard time doing something（〜するのは大変だ）を使いましょう。I'm having a hard time preparing all the documents. で「書類の準備で大変だ」➡「手を焼いている」です。

また、ビジネスでは面倒な物事に対して、よく headache（頭痛のタネ➡困ったこと）を使って表現します。These documents are a real headache. で「書類はすごく面倒だ」➡「書類（の準備）に手を焼いている」となります。

【解答例】 書類の準備に手を焼いている。

I'm having a hard time preparing all the documents.

2 「手を焼くことがあれば」は「大変なことがあれば」と言い換えることが可能です。人に手助けを申し出る際の決まり文句、If you have any trouble, let me know.（何か大変なことがあったら、教えてください）が、そのまま使えます。

「手を焼く」を「壁に突き当たる」と考えれば、日本語と同じイメージの慣用表現である run into a wall が使えます。Let me know if you run into a wall.（壁に突き当たったら教えてください）と言っても、同様の意味合いで伝わります。

【解答例】 手を焼くことがあれば、言ってください。

If you have any trouble, let me know.

85 | とりつく島がない

「彼は今あまりに忙しそうで、とりつく島がない」

「とりつく島がない」と言えば、人から相手にされず、話を取り合ってもらえないことでしょうか。

　もともとは海で溺れても、手の届くところに助けとなる島がないことから、頼りとしてすがるものがない状態を表現したもののようです。

　助けてほしいと手を伸ばしても「手が届かない」状態であると考えれば、形容詞 approachable（近づきやすい）の否定形 not approachable, あるいは unapproachable（近づきにくい）が使えます。例題の**「彼は今あまりに忙しそうで」**は He's really busy now（彼は今とても忙しい）、**「（だから）とりつく島がない」**は so he's not very approachable（だから彼には近づきにくい➡とりつく島がない）となります。not approachable を unapproachable に変えることも可能ですが、一般的に、否定の接頭辞 un-（～ない）を使った表現より、シンプルな not … を使った否定表現のほうが好まれます。

「とりつく島がない（近づきにくい）」➡「（だから）邪魔したくない」と考えれば、**bother（迷惑をかける）**も使えます。He's really busy right now, so I don't want to bother him. で、**「彼は今あまりに忙しいので、邪魔したくない」**となります。now を right now にすれば「まさに今」という臨場感が出せます。

【解答例】　彼は今あまりに忙しそうで、とりつく島がない。

He's really busy now, so he's not very approachable.
He's really busy right now, so I don't want to bother him.

▶▶英語にしてみよう
1　彼はとりつく島がないので、メールした。
2　彼女は一方的に話をしたので、とりつく島がなかった。

1　この場合、「とりつく島がない」が、どういう状態を指すのかを考え、まずは日本語に言い換えてみましょう。「彼は話しかけるのがむずかしかったので、メールをした」と解釈すれば、英語にしやすくなります。He was hard to talk to, so I sent him an email. と表現できます。

　bother を使って、I don't want to bother him, so I sent him an email. としてもいいでしょう。

【解答例】彼はとりつく島がないので、メールした。
He was hard to talk to, so I sent him an email.

2　「一方的に話をする」は do all the talking がまさにイコールとなる表現です。ここでいう**「とりつく島がない」**は、**「何も言えなかった」**ということですから、**I couldn't say anything** としましょう。
「彼女は一方的に話をした」は、他に **She doesn't know how to listen**（彼女は聞く耳を持たない）や、**She wouldn't stop talking**（彼女は話を止めないだろう）などと言い換えてもいいでしょう。**not know how to listen** で「聞き方を知らない」➡「聞く耳を持たない」です。do all the talking とあわせて覚えておきましょう。

【解答例】彼女は一方的に話をしたので、とりつく島がなかった。
She did all the talking, so I couldn't say anything.

86 | 長い目で見る

「改善は、長い目で見ることが大事だ」

「長い目で見る」とは、今のままで満足せず、今後の成長を期待して長期的に物事を見ていくことでしょうか。

「長い目で見れば」と訳される表現に、**take the long-term approach** があります。long-term approach で「長期的な取り組み」なので、「長期的な取り組みをする」➡「長い目で見る」です。

また long-term impact で「長期的影響」なので、consider the long-term impact も「長期的影響を考える」➡「長い目で見る」となります。

例題の「改善は」の部分を「改善する時は」と考えれば、When making improvements または When improving things です。

シンプルで、なおかつ例題のニュアンスにもっとも近い表現にするなら、これらをあわせて **When making improvements, it's important to take the long-term approach.**（改善する時は、長い目で見ることが大事だ）とすればいいでしょう。

When improving things, try to consider the long-term impact.（改善する時は、長い目で見るようにしなさい）と言い換えることもできます。

【解答例】 改善は、長い目で見ることが大事だ。

When making improvements, it's important to take the long-term approach.
When improving things, try to consider the long-term impact.

1　長い目で見ると、試算は甘い可能性がある。
2　今後のことは、長い目で見て判断しましょう。

1　「長い目で見ると」という言い方で始めていますので、in the long run が そのまま使えます。In the long run,... で文章を始めましょう。
「試算は甘い可能性がある」の「甘い」は「考えが甘い」「鋭さに欠ける」といっ た意味を示す形容詞 naive を使います（カタカナの「ナイーブ」を日本語では、 「繊細な、傷つきやすい」という意味で使っていますが、英語の naive にはそ のような意味はないので、ご注意ください）。**this estimate might be naive** で、**「この試算は甘い可能性がある」**となります。

【解答例】　長い目で見ると、試算は甘い可能性がある。

In the long run, this estimate might be naive.

2　「今後のことは」は、なかなか英語にしにくいかもしれません。「長期的な 影響を考慮して」などと言い換えてみましょう。**long-term impact** で**「長 期的影響」**ですので、**after considering the long-term impact** で**「長期的 影響を考慮して」**という意味が表現できますし、「今後のことは、長い目で見 て」の意味も出せます。
「判断しましょう」は、Let's make a decision とすれば大丈夫です。
「将来について考える必要がある」と大きく言い換えて、**We also have to think about the future.** としてもいいでしょう。

【解答例】　今後のことは、長い目で見て判断しましょう。

Let's make a decision after considering the long-term impact.

87 ｜二の足を踏む

「責任問題となると、誰もが二の足を踏む」

「二の足を踏む」は、ためらったり迷ったりして、なかなか前に進めないことを言うのではないでしょうか。「二歩目が踏み出せない」ことで、「二の足を踏む」ことになったようですね。

「ためらう」と考えれば、形容詞の hesitant（［〜するのを］ためらって）を使って hesitant about ...ing とすれば、「〜することをためらう」の意味が表現できます。hesitant to ... で、「〜をためらう」です。

　例題を「誰もが責任を取ることをためらう」と言い換えれば、Everyone's hesitant about taking responsibility. となります。

「責任問題」とは「責任をどう取るか」ですから、take responsibility（責任を取る）を使いましょう。

「ためらう」を「よくよく考える」と取れば、think twice（［実行する前に］熟考する）が使えます。「責任問題に関しては、よく考えなければいけない」と解釈すれば、With all that responsibility, you have to think twice. と言う英語にできます。With all ... は、「〜に関して言えば」。

　hesitant は比較的フォーマルな言葉ですから、より一般的かつ平易な表現は、think twice を使った後者となります。「二の足を踏む」のような、日常的に使わない表現は、いかにわかりやすい英語にするかがポイントです。

【解答例】責任問題となると、誰もが二の足を踏む。

With all that responsibility, you have to think twice.
Everyone's hesitant about taking responsibility.

▶▶英語にしてみよう

1　このような重大事件を担当することは、私でも二の足を踏む。
2　二の足を踏むことのないよう、バックアップが万全にできるようにし
　ておきなさい。

1　「〜することは、私でも二の足を踏む」を「私でさえ〜することはためら
う」と言い換えれば、I'm even hesitant to ... が使えます。「このような重
大事件を担当することは」は、take on a case（事件を引き受ける）をあてて、
take on such a major case（そのように大きな事件を引き受ける➡このよ
うな重大事件を担当する）としましょう。

「このような重大事件を担当できるかわからない」と言い換えれば、I don't
know if I can take on such a serious case. となります。

【解答例】　このような重大事件を担当することは、私でも二の足を踏む。

I'm even hesitant to take on such a major case.

2　「あとでどうこう言うことを避けるには、バックアップが万全にできるよ
うにしておきなさい」と言い換えれば、second guess（あとでとやかく言う）
が使えます。 To avoid second guessing で、「あとでとやかく言うことを
避けるには」。確実に何かを遂行することを求めているので make sure you
...（〜しなさい）を用います。これに have a backup plan（予備計画を立て
る）と in place（準備万端に整って）をあわせれば、うまく表現できます。

【解答例】　二の足を踏むことのないよう、バックアップが万全にできるようにし
　　　　　ておきなさい。

To avoid second guessing, make sure you have a backup
plan in place.

88 | 二の句がつげない

「あまりのことに、二の句がつげなかった」

「二の句がつげない」とは、相手の発言などに呆れて、返す言葉もない、ということでしょうか。相手の発言を「一の句」としたら、その次の返事は「二の句」となることからできた言い方のようです。

「あまりに驚いて、何も言えなくなる」と言い換えれば、too ... to ...（〜すぎて〜できない）を用いた I was too shocked to say anything.（私は驚きのあまり何も言えなかった）がすぐに思い浮かびます。慣用句を使うなら、be at a loss for words（言葉に詰まる）でも OK です。

同様に、so ... that ...（とても〜なので〜だ）で言い換えて、I was so shocked that I couldn't say anything. としてもいいでしょう。

flabbergasted（呆気にとられた）や dumbfounded（あぜんとした）などの形容詞でも表現できます。be left flabbergasted（驚き、呆れ果てた）, be dumbfounded（あぜんとさせられた）と言えば、呆れて何も言えない状態が伝えられます。

「あまりに驚いて、口を開けられなくなる（＝話せない）」と言い換えれば、too ... to ... を使って、I was too shocked to open my mouth.（あまりに驚いて口を開けられなかった）と表現できます。 so ... that ... よりは、too ... to ... のほうがくだけた言い方で、too ... to ... は flabbergasted や dumbfounded といった形容詞よりもシンプルで明快です。

【解答例】 あまりのことに、二の句がつげなかった。
I was too shocked to say anything.
I was too shocked to open my mouth.

1　電気代のあまりの高さに、二の句がつげなかった。

2　あまりに想定外で二の句がつげず、黙ってしまった。

1　「電気代」は electric bill,「あまりに〜なので」は so ... that ... を使いましょう。「二の句がつげなかった」は、dumbfounded（あぜんとした）を使い、The electric bill was so high that I was dumbfounded. で「電気代があまりに高かったので、あぜんとした」➡「電気代のあまりの高さに、二の句がつげなかった」となります。

176 ページにある表現を使い、The electric bill was so high that I couldn't say anything. とすることもできます。

【解答例】　電気代のあまりの高さに、二の句がつげなかった。

The electric bill was so high that I was dumbfounded.

2　「あまりに〜で」は so ... that ... を、「想定外」は unexpected を使いましょう。「二の句がつげない」は何かに驚いて言葉が出ない状態を指すので、so ... that ... や too ... to ... とともに使うのが一般的です。

It was so unexpected that I couldn't say anything で「あまりに想定外で二の句がつげなかった」です。I was dumbfounded（あぜんとした）や、I was left flabbergasted（驚き呆れ果てた）などとしてもいいでしょう。

そのあとに「黙ってしまった」とあるので、fall silent（沈黙する、黙り込む）を続ければ OK です。

【解答例】　あまりに想定外で二の句がつげず、黙ってしまった。

It was so unexpected that I couldn't say anything and fell silent.

---

89 | 年貢を納める

「私もそろそろ年貢の納め時だ」

「年貢を納める」は、収穫期の終わりに農民が、お上の達し通りに年貢を納めることを指したもののようです。

　しかし今では、これまで自分が行ったこと（本来は主に悪事）に対して何らかの処分や報いを受けたり、最終的に相手の要求にしたがったり、物事の区切りをつける際に用いられているのではないでしょうか。

「そろそろ〜する時だ」は It's time that ... や、It's about time that ... で始めて、そのあとに文を続けます。

　厳密に言えば、断言するなら about なしで、あいまいに伝えるなら about を入れて使いますが、意識的に使い分ける人もそういませんから、同じように使って構いません。

「年貢を納める」をどのようなニュアンスで取るかにより、英語表現が変わります。「何らかの報いを受ける」という意味で取るならば、**pay one's dues** で「（過失などの）報いを受ける」です。

「（最終的に）落ち着く」「身を固める」といった意味であれば、**settle down** も使えます。日本語の「年貢を納める」と同じように、settle down にも「結婚して身を固める、家を持つ」という意味があります。

　また「（覚悟を決めて）貢献する、寄与する」と取れば、**start contributing（貢献するようになる）**とも表現できます。

【解答例】　私もそろそろ年貢の納め時だ。

It's time that I pay my dues.
It's about time that I settle down.

▶▶英語にしてみよう
1 そろそろあなたも、年貢を納めたらどうですか？
2 年貢の納め時なので、そろそろ結婚しないと。

1 あまり乗り気ではない相手に、重い腰を上げて行動するよう伝える際の言葉です。英語にも同様の言葉として、start contributing があります。

直訳すれば「貢献するようになる」ですが、It's about time for you to start contributing. で、「そろそろあなたも（人のためとなる）何かをする時ですよ」と相手に行動を促す言葉となります。

かなり大胆な言い換えになりますが、「そろそろ考え方を変えたらどう？」と取れば、Instead of always taking, you need to start giving.（[人から]もらうばかりでなく、あげることもしないと）という決まり文句を使うこともできます。

【解答例】 そろそろあなたも、年貢を納めたらどうですか？
It's about time for you to start contributing.

---

2 「身を固めて結婚する」は、settle down and get married を、It's time that（〜する時だ）のあとに続ければうまく表現できます。

「いい年（大人）になるので結婚する」は、grow up and get married を使って I need to grow up and get married. とすれば、「いい年（大人）になるので結婚しなければ」➡「年貢の納め時（大人になった）なので、そろそろ結婚しないと」と表現できます。

【解答例】 年貢の納め時なので、そろそろ結婚しないと。
It's time that I settle down and get married.

90│伸るか反るか

「伸るか反るかは、あなた次第だ」

「伸るか反るか」は、成否はわからないが、とにかく思い切って挑戦するかしないかを相手に問う言葉として使われるのではないでしょうか。

動詞の plunge の原義は「突っ込む」ですが、俗語では「大ばくちを打つ」の意味になります。take the plunge は「思い切ってやる」という意味で使われますし、You can take the plunge or not. It's up to you. と言えば「思い切ってやることも、やらないこともできる。あなた次第だ」➡「伸るか反るかは、あなた次第だ」と、ほぼ日本語と同じイメージの表現と言えます。

step up or step down は「上がる、もしくは降りる」です。You can step up or step down. The decision is up to you. と言えば、「上がるも降りるも、決めるのはあなただ」ですから、「伸るか反るかは、あなた次第だ」の意味が表現できます。

「伸るか反るか」や「あなた次第だ」という表現は、英語でもよく見かけます。主なものとして、You can decide whether you want to do something or not（やりたいかやりたくないか決めることができる）や、It's (the decision is) up to you（あなた次第だ）、また You can try or give up. It's your choice.（挑戦することも諦めることもできる。あなた次第だ）などを覚えておくといいでしょう。

【解答例】 伸るか反るかは、あなた次第だ。

You can take the plunge or not. It's up to you.
You can step up or step down. The decision is up to you.

1　伸るか反るかを迫られて、勝負に出た。
2　さあ、伸るか反るか決めて。

1　「伸るか反るかを迫られて」は、「やるかやらないかの判断を迫られて」と解釈できます。make a decision は**「判断する」**です。ここから**「判断するよう迫られた」**と考えて、**We were forced to make a decision** と表現できます。

「〜して、勝負に出た」は「そこで、思い切ってやることにした」と考えて、180 ページで紹介した plunge を使い、**so we decided to take the plunge** とすれば自然な英語表現になります。

【解答例】　伸るか反るかを迫られて、勝負に出た。

We were forced to make a decision, so we decided to take the plunge.

2　このままでは英語にしにくいので「やるかやらないか、今決めて」と解釈すると、英語にしやすくなります。**「今決めて」**は、Decide now と命令形にします。「伸るか反るか」は「やるかやらないか」の二択と考えられるので、**whether you want to join us or not**（共にやるかやらないか→我々に参加するかしないか）と表現できます。

Decide now whether you want to ... or not と命令形で言えば、**「〜したいかしたくないか、今決めて」**ですから、**「さあ、伸るか反るか決めて」**の意味が表現できます。

【解答例】　さあ、伸るか反るか決めて。

Decide now whether you want to join us or not.

91 | 歯を食いしばる

「歯を食いしばって、仕事を続けようと思う」

「歯を食いしばる」は、心身の苦痛や己の逆境などを、じっと我慢して耐えることのたとえとして使われますね。

実は英語にもほぼ同じイメージの表現があります。grit one's teeth（歯を食いしばる、歯ぎしりする）です。動詞の grit には「（歯を）食いしばる」という意味があります。

I'm going to grit my teeth（歯を食いしばる）のあとに and go on working.（そして、仕事を続ける）と続ければ、適当な表現になります。

もうひとつ似た表現として、bite the bullet があります。直訳は「弾丸を噛む」ですが、これは麻酔薬がない時代、負傷した兵士に戦場で緊急手当てを行った時に「弾丸を噛ませた」ことから来ています。転じて「歯を食いしばって耐える」となり、今は「歯を食いしばる」とほぼ同じ意味で使われます。

I'll have to bite the bullet and keep on working.（歯を食いしばり、働き続けなければ）なら、ほぼ日本語と同じ意味の表現になります。

また、イメージは異なるものの、put up with ...（〜に耐える）を使って、I'm going to put up with it and go on working.（我慢して働き続けるつもりだ）と言うこともできます。

【解答例】 歯を食いしばって、仕事を続けようと思う。

I'm going to grit my teeth and go on working.
I'll have to bite the bullet and keep on working.

1 歯を食いしばって努力する覚悟はありますか？

2 こんなことで歯を食いしばるのは、バカらしい。

■1 「～する覚悟はありますか？」は、「～する心の準備はできていますか？」と考えると英語にしやすくなります。**Are you prepared to ...?** で「**～する覚悟はありますか？**」です。「歯を食いしばって努力する」は、182 ページで紹介した表現を使って、**grit one's teeth and work hard（歯を食いしばって頑張る）** とすれば、イメージ通りの言い方になります。

【解答例】 歯を食いしばって努力する覚悟はありますか？

Are you prepared to grit your teeth and work hard?

■2 「～するのはバカらしい」は、It would be foolish/stupid to ... とし、主語にあたる「こんなことで歯を食いしばるのは」を to 以下に続けましょう。

　主語を You にするならば、**You'd have to be stupid to ...（～するなんて、あなたは愚か者だ）** としてもいいでしょう。

　「歯を食いしばる」は grit one's teeth でもいいですし、**put up with the pain（痛みに耐える、我慢する）** でもうまくニュアンスを出せます。

「こんなことで」は、「このようなことに関して」と解釈すれば、over something like this となり、単に「このことに対して」なら for this です。

　解答例の他に、You'd have to be stupid to put up with the pain for this. としてもいいでしょう。

【解答例】 こんなことで歯を食いしばるのは、バカらしい。

It would be foolish to grit your teeth over something like this.

92│旗色が悪い

「旗色が悪いので、辞退した」

「旗色が悪い」とは、戦況など物事の形勢がよくないことを指す言い方ではないでしょうか。古くは軍旗のはためく様子から戦況を占っていたことから、思わしくない戦況を「旗色が悪い」と表現するようになったと思われます。

まったくイコールとなる表現ではありませんが、勝ち負けに関係する言葉 odds（勝ち目、勝算）を用いたフレーズに、**odds are against** があります。The odds are against me. と言えば、**「勝ち目がない」** ことを言い表せますので、「旗色が悪い」とほぼ同じ意味が表現できます。

英語の chance には「勝ち目、可能性」という意味もあるので、**not have a (good) chance** と言えば、**「勝ち目がない」** ことが表現できます。

または「旗色が悪いので」を **「勝つ可能性がないので」** と考えて、There's no chance I'm going to win とすることも可能です。

「辞退する」は「誘いを断る」と取ることができますから、turn down the invitation もしくは decline the invitation と訳してもいいでしょう。

「〜なので」は、..., so とすればシンプルに文を展開できます。The odds were against me, so I turned down the invitation. または There was no chance I was going to win, so I declined the invitation. とします。so 以下は、もちろん入れ替え可能です。

【**解答例**】 旗色が悪いので、辞退した。

The odds were against me, so I turned down the invitation.
There was no chance of winning, so I declined the invitation.

1　旗色が悪くなったので、方針を変えることにした。
2　売上を競ったが、旗色が悪い。

1　「旗色が悪くなる」と現在進んでいる状況を表現するのであれば、**My odds are dropping** と**現在進行形**を使いましょう。動詞の drop には「（競争などで）下位に下がる、後退する」という意味があります。

「方針を変える」とは、争いごとにおいては「戦略を変える」ということですから、**change my strategy** という英語にできます。

【解答例】 旗色が悪くなったので、方針を変えることにした。

My odds were dropping, so I decided to change my strategy.

2　compete for sales で「**売上を競う**」。I tried to compete for sales で「**売上を競おうとした**」となります。

「旗色が悪い」は、「苦しい戦いをしている」と考え、慣用表現の uphill battle を使いましょう。

uphill（上り坂）を上るのは大変なことから、「（仕事などが）困難な」という意味になり、転じて uphill battle で「**苦しい戦い**」を表します。

It's an uphill battle. は「**苦戦している**」ことですから、「旗色が悪い」ことが言い表せます。

文全体を多少言い換え、I attempted to compete for sales, but it's a tough struggle. としても同様の意味になります。

【解答例】 売上を競ったが、旗色が悪い。

I tried to compete for sales, but it's an uphill battle.

93 | バツが悪い

「ミスばかりして、バツが悪い」

「バツが悪い」という言い方は、周囲に対して体裁の悪さや気まずさ、恥ずかしさなどを感じることを表現するのではないでしょうか。

「不愉快に思う」「嫌な気持ちになる」とネガティブに取れば、一番に思いつくのが feel bad です。「〜に関して不愉快に思う」と言うのであれば、あとに about を続けましょう。

「(他の人たちの面前で)恥ずかしい気持ちにさせる、当惑させる」と言いたい時は embarrassing を使って、It's embarrassing to ...（〜することは恥ずかしい）と表現しましょう。embarrassed を使って feel embarrassed about ...（〜に関して恥ずかしく思う）としても同じような意味になります。

　embarrassing と embarrassed は、いずれも動詞 embarrass（恥ずかしい思いをさせる）の形容詞です。両者の違いは、embarrassing が恥ずかしさの原因となるものに用いるのに対して、embarrassed は恥ずかしさを感じているものに用います。そのため一般的に embarrassing は It's embarrassing to ...（〜することは恥ずかしい）という構文で使い、embarrassed は ... feel embarrassed と人の主語に対して使います。形容詞が ...ing と ...ed の２種類ある場合は、このような違いがあると覚えておくといいでしょう。

「ミスばかりして」は make so many mistakes です。

【解答例】 ミスばかりして、バツが悪い。

I feel bad about making so many mistakes.

It's embarrassing to make so many mistakes.

▶▶英語にしてみよう
1　これまでの間違いがわかり、バツが悪い。
2　ミスをしてバツの悪い思いをしないよう、部下を指導した。

1　「これまでの間違いがわかり」は「ようやく〜がわかって」という表現ですので、副詞の Now（ようやく）と realize（気づく）を使い **Now I realize** とし、そのあとに「〜が」にあたる「わかった内容」を続けます。

「間違い」は「自分が間違えた」ですから **I was wrong,** そしてそのことに対して「**バツが悪い**」＝「**申し訳なく思う**」ですから、**and I feel really bad about it** としましょう。

【解答例】 これまでの間違いがわかり、バツが悪い。

Now I realize I was wrong and I feel really bad about it.

2　主語と動詞を明確にし、「私は、部下が間違いをして恥ずかしい思いをすることがないよう鍛えた」と言い換えれば、英語にしやすくなります。

I trained my staff で「**私は部下を鍛えた**」。そのあとに理由を表す so を置いて、**they wouldn't have to feel embarrassed by their mistakes** とすれば OK です。

否定形を使い「**部下に仕事でバツの悪い思いをしてもらいたくないので、彼らをよく指導した**」と考えれば、**I didn't want my staff to feel bad about their work, so I trained them well.** としても、同様の意味になります。

【解答例】 ミスをしてバツの悪い思いをしないよう、部下を指導した。

I trained my staff so they wouldn't have to feel embarrassed by their mistakes.

94 | 腹にすえかねる

「彼女が連絡なしに進めたのは、腹にすえかねる」

「腹にすえかねる」とは、我慢の限界に達し、怒りを抑えることができない状態を言うのではないでしょうか。「信じられない」「受け入れられない」といった、拒絶の表現を使うと、耐えられない様子をうまく表すことができます。

そんな時ネイティブは、That's unacceptable（そんなの受け入れられない）や I can't believe ...（～なんて信じられない）といった定番表現を使います。**「彼女が連絡なしに進めたのは」**は**「彼女は私たちに知らせることすらせずに物事を進めていた」**と考え、She didn't even let us know she was moving ahead と表現でき、そのことに対して That's unacceptable. とすれば、**「受け入れられない」➡「腹にすえかねる」**の意味が出せます。ここで主語が That となるのは、物事全体を受ける時、代名詞は it ではなく that を使うためです。

「連絡なしに」を**「私たちに知らせずに」**と判断すれば、without letting us know と表現できます。**「物事を進める」**を go ahead with things とすれば、I can't believe she went ahead with things で**「彼女が物事の進行を知らせなかったのは信じられない➡腹にすえかねる」**という意味を表現できます。

我慢の限界を強調して、can't take it anymore / any longer（**もう我慢できない**）や、can't handle it（**扱いきれない**）などを使ってもいいでしょう。

【解答例】 彼女が連絡なしに進めたのは、腹にすえかねる。

She didn't even let us know she was moving ahead. That's unacceptable.
I can't believe she went ahead with things without letting us know.

---

1 腹にすえかねたから、上の階の住人に文句を言うつもりだ。
2 もう腹にすえかねた。出ていく！

1 決まり文句 I can't take it anymore/any longer.（もうこれ以上、我慢できない）を使うと、「腹にすえかねている」状態をうまく言い表せます。

状況的に anymore も any longer も、どちらでも使えます。しかし「限界ギリギリまで我慢して、これ以上長く我慢できない」ニュアンスを含むならば、any longer のほうが、気持ちをうまく表現できるかもしれません。

「**文句を言う**」は complain、「**上の階の住人**」は people on the floor above us です。

【解答例】 腹にすえかねたから、上の階の住人に文句を言うつもりだ。
I can't take it any longer, so I'm going to complain to the people on the floor above us.

2 腹にすえかねた際の決まり文句として、I can't stand it anymore. があります。日本語訳は「もう我慢できない」ですから、「腹にすえかねた」と同じイメージです。

また、先ほどの I can't take it any longer! とほぼ同じニュアンスの表現である I can't take it anymore! も、同じように使えます。

「**出ていく！**」は動詞の leave を使い、I'm leaving! と現在進行形にすれば、「**（今すぐに）出ていく！**」という、まさに現在進行中のリアルさが表現できます。

【解答例】 もう腹にすえかねた。出ていく！
I can't stand it anymore. I'm leaving!

95 | 腫れ物にさわる

「誰もが彼女を、腫れ物にさわるように接する」

「腫れ物にさわる」は、人の機嫌を損ねないよう恐る恐る接することを言うのではないでしょうか。慎重に取り扱う必要がある厄介な人を、腫れ物にたとえていると思われます。

英語にも、まったく同じではないですが、似たイメージの表現があります。treat ... like a pest/pariah で「厄介者のように扱う」です。

pest は疫病の「ペスト」からきた言葉で、原義は「害虫」ですが、転じて「厄介者」となります。また pariah は「（社会の）のけ者、厄介者」で、turn someone into a social pariah なら「～を社会からつまはじきにする」です。

Everyone treats her like a pest/pariah. で「誰もが彼女を厄介者のように扱う」となり、転じて**「誰もが彼女を、腫れ物にさわるように接する」**となります。

「厄介者だから距離を置きたい」と考えれば、No one wants to be near her. などという表現もいいでしょう。直訳すれば「誰も彼女のそばにはいたくない」ですが、転じて**「厄介者だから距離を置きたい」**という意味になります。

「距離を置く」イメージから、avoid ...（～を避ける）や keep away from ...（～から距離を取る）を使って表現することも可能です。その場合、Everyone wants to keep away from her.（誰もが彼女とは距離を取りたがる）などとしてもいいでしょう。

【**解答例**】　誰もが彼女を、腫れ物にさわるように接する。
Everyone treats her like a pest/pariah.
No one wants to be near her.

1　腫れ物にさわるように、接しないでくれ。
2　腫れ物にさわるような扱いをされ、不愉快だった。

■1　「腫れ物」は英語で tumor といい、問題文を「腫れ物のように（自分を）扱わないでくれ」と言い換えれば、**Please don't treat me like a tumor.** となり、うまくニュアンスを伝えることができます。

　「腫れ物」を burden（負担）と考え、**Stop treating me like I'm a burden.（私をお荷物扱いするのはやめろ）** としてもいいですし、「私が問題を起こしているみたいに扱わないでくれ」と取れば、**Don't treat me like I'm trying to make problems for you.** と表現できます。

【解答例】　腫れ物にさわるように、接しないでくれ。

Please don't treat me like a tumor.

■2　「不愉快だ」は upset や feel bad で表現しましょう。be upset about ... で「〜に気分を害する」です。「腫れ物にさわるような扱い」を「仲間はずれにする」と考えれば、**be ostracized（仲間はずれにされる）** を使い **I was upset about being ostracized.** で「仲間はずれにされ、不愉快だった」➡「腫れ物にさわるような扱いをされ、不愉快だった」です。

　about のあとには、これまで紹介した treat ... like a pest/pariah/tumor などを続けても OK ですが、その場合、being treated like... とするのを忘れずに。

【解答例】　腫れ物にさわるような扱いをされ、不愉快だった。

I was upset about being ostracized.

---

96 | 一肌脱ぐ

「彼女のために一肌脱いだ」

「一肌脱ぐ」は、人のために本気になって手助けすることを言うようです。昔、力仕事をする際は、着物から上半身を出した状態（肌を出した状態）でやっていたことから、人のために本気で力を貸すことを「一肌脱ぐ」と言うのだとか。

「人を助ける」だけであれば、help someone でいいのですが、「本気を出す」ニュアンスもあるため、**do one's best to help someone** とするのがいいでしょう。日本語の意味に近くなります。

例題の表現は、**I did my best to help her.** で**「彼女を助けるためにベストを尽くした」** ➡ **「彼女のために一肌脱いだ」** となります。

また、「一肌脱ぐ」には、**「危険を顧みずに手助けする」** という意味もあると思います。肌をさらして人助けをする際は、常に危険が伴うからです。

put one's neck on the line という慣用表現には**「自分の身を危険にさらす、災いを招くようなことをする」** という意味があります。

on the line の原義は「ロープに掛けられて」ですが、転じて「（生命・地位・名声などが）危険にさらされて」です。そこに**「首を置く」**（ put one's neck）ことから、**I put my neck on the line for her.** で**「彼女のために身を挺した」** ➡ **「彼女のために一肌脱いだ」** と表現できます。より深刻な意味で使うなら、**put one's neck on the line** を使うといいでしょう。

【解答例】 彼女のために一肌脱いだ。

I did my best to help her.

I put my neck on the line for her.

---

1 シンプルな英語に置き換えましょう。**「次のセミナーではあなたの助けが必要だ」**とすれば、I need your help with the next seminar. です。need とすることで、切実さが伝わります。

「頑張ってもらいたい」という意味を強調するなら、We'd like you to do your best with the next seminar. と表現できます。

> 【解答例】 次のセミナーでは、あなたに一肌脱いでもらいたい。
> I need your help with the next seminar.

2 決意を示すシリアスな文なので、put one's neck on the line を使うといいでしょう。「厭わない」は、I'm happy to ...（喜んでやる）を使い、I'm happy to put my neck on the line for you. で**「あなたのためなら危険を顧みず、喜んで手助けします」**と表現できます。

また、決まり文句の I'm more than happy to help you.（**喜んでお手伝いします**）や、It's an honor for me to help you.（**お手伝いできて光栄です**）などを使ってもいいでしょう。

ただし、I'm willing to help you. は**「助けてあげてもいいです」**という条件付きの表現になるので、使わないほうがいいでしょう。

> 【解答例】 あなたのためなら、一肌脱ぐことも厭わない。
> I'm happy to put my neck on the line for you.

97 | 火に油を注ぐ

「あなたの発言は、火に油を注ぐ」

「火に油を注ぐ」は、ただでさえ危ない状態を、さらに悪化させることを言うようです。不用意なものに対して、否定的なニュアンスで用います。

英語には、ほぼ同じ意味の表現 add fuel to the fire があり、これは**「火に燃料を注ぐ」**ですから、まさに**「火に油を注ぐ」**です。

What you said just adds fuel to the fire. で**「あなたの発言は、まさに火に油を注ぐ」**となり、この文も just（まさに）を入れることで、英語として自然になります。

似た表現に add coals to the fire や pour fuel on the fire, fan the flames, stir the pot などもあり、どれを使っても同じ意味になります。**「状況を悪化させる」**と考えれば、make matters worse や make the situation worse も使えます。**You just made matters worse by saying that.** で**「それを言うことで、あなたはまさに物事をより悪くする」**➡**「あなたの発言は、火に油を注ぐ」**という意味が表現できます。大げさに言うなら、ruin everything（すべてをめちゃくちゃにする）を使ってもいいでしょう。

日本語と英語でイコールの表現を見つけると、人の考えることは洋の東西を、はたまた時代をも問わないものとわかり、うれしくなります。

シンプルに、Don't stir the pot.（鍋をかき回すな➡論議を巻き起こすな）や Don't fan the flames.（あおるな）と言い換えられます。

【解答例】 あなたの発言は、火に油を注ぐ。

What you said just adds fuel to the fire.
You just made matters worse by saying that.

1　不注意な一言が、火に油を注ぐ。
2　火に油を注ぐようなことは、言わないでください。

1 「**不注意な一言**」は、careless word です。これを主語とし、無生物主語の文にしましょう。**A careless word can make matters worse.** は「**不注意な一言は、火に油を注ぐことが可能だ**」ですから、「**不注意な一言が、火に油を注ぐ**」と表現できます。助動詞の can を入れることで、「（そのようなことすら）可能だ」というニュアンスを出せます。

　Careless words can make matters worse.（**不注意な言葉は物事を悪くする**）としてもいいでしょうし、さらに強調して **A careless word can ruin everything.**（**不注意な言葉はすべてを滅ぼす**）と表現することも可能です。

> 【解答例】　不注意な一言が、火に油を注ぐ。
>
> A careless word can make matters worse.

2 「**〜しないで**」は、Make sure you don't ...（**絶対に〜しないで**）を使いましょう。**Make sure you don't say anything to add fuel to the fire.** で、「**火に油を注ぐようなことは、何も言わないでください**」となります。

　このフレーズの to のあとには、194 ページで紹介した add coals/fuel to the fire や pour fuel on the fire, fan the flames, stir the pot など、さまざまな応用表現への言い換えが可能です。

> 【解答例】　火に油を注ぐようなことは、言わないでください。
>
> Make sure you don't say anything to add fuel to the fire.

98 | ヤバい

「ヤバい！　会議に遅刻しそうだ」

「ヤバい」はくだけた表現で、仲間内など親しい間柄で使われますね。

　本来はネガティブな意味合いで用いられ、何か不都合なことや危険なことが起こっている様子を表します。しかし最近はポジティブに「とても面白い、最高だ」という意味でも、よく使われます。

　ただし、そもそも「ヤバい」は何よりも「驚き」を表す語ですから、その意では **Oh, wow!** がいいでしょう。何かまずいことが起きたら **Oh, wow!**（うわ、ヤバい！）、すばらしいことが起きたら **Oh, wow!**（うわ、素敵！）と使うため、「ヤバい」同様に、同じ言い方でネガティブにもポジティブにも表現できます。

　Oh, my! も同じように、ネガティブにもポジティブにも使うことが可能ですし（Oh, my! は、Oh, my goodness. や Oh, my god. の省略形）、**Oh!** や **Wow!** の1語でも OK です。

　ネイティブっぽい言い回しにしたいのなら、「うわー、きゃー」にあたる Yikes/Yipes、「あれっ、ヤバい」にあたる Uh-oh などの間投詞を使い、**Yikes! That's not good!**（うわー！　まずい！）や **Uh-oh. What a mess!**（ヤバい。何てこった！）などと表現できます。

　こうした感嘆表現は、表情や言い方でさまざまな意味になります。そのためネイティブは、非常によく使います。ぜひ、使いこなしてください。

【解答例】　ヤバい！　会議に遅刻しそうだ。

Oh, wow! I'm going to be late for the meeting!

Oh, my! I'm going to be late for the meeting!

---

1 先に感嘆表現を使うと、うまく雰囲気が出せます。

先ほど紹介した Oh, wow! や Oh, my!, Yikes! That's not good!, Uh-oh. What a mess! などのフレーズを、表情もつけて大げさに表現しましょう。

いつも Oh, wow! や Oh, my! だけでは、芸がありません。臨機応変に使い分ければ、表現の幅も広がります。ぜひ、さまざまな言い回しを覚えてください。「彼女の嘘がバレる」を直訳しようとすると、むずかしい英語になります。こんな時は「みんなが彼女の嘘を知る」などと言い換えます。

「バレそうだ」ですから、**be going to** で「**これから～する（～しそうだ）**」の意味を出し、**Everyone's going to know she lied.（みんなが彼女が嘘をついたのを知るだろう➡彼女の嘘がバレそうだ）**と表現できます。

【解答例】 ヤバい！ 彼女の嘘がバレそうだ。

Oh, wow! Everyone's going to know she lied.

---

2 こちらは良い意味での「ヤバい」です。感嘆表現は言い方や表情で、ポジティブにもネガティブにも使えますから、まずは **Oh, wow!** や **Oh, my!** などと大げさに驚きましょう。

「イケメン」は「見栄えがいい」と考えて good looking、「～すぎて」は so を使って **He's so good looking!** と表現すれば OK です。

【解答例】 あの人、イケメンすぎてヤバい。

Oh, my! He's so good looking!

---

99 | 魔がさす

「彼の盗作は、魔がさした結果だろう」

「魔がさす」とは、突然、悪魔に入り込まれたかのように、ふと悪い考えをおこすことでしょうか。

アメリカ人にとって、**「悪」**を象徴するものは evil です。

そのため「邪な心、悪意」は evil intention、「盗作」は plagiarism ですから、例題を日本語に忠実に英訳すれば、His plagiarism is the result of his own evil intentions. となります。

もしくは「魔がさす」を have something evil on one's mind（何か悪いことが心に浮かび）と解釈すれば、He had something evil on his mind, and that's why he plagiarized. と表現できます。plagiarize（盗用する）は plagiarism の動詞形です。

句動詞の get into ... には**「（何か悪いものが人に）取りつく」**という意味があり、これを使えばもっと「こなれた英語」にできます。たとえば、Something got into him and he plagiarized his report. なら、「何かきっかけで、彼はレポートを盗作した」➡**「彼の盗作は、魔がさした結果だろう」**となります。

また、I can't believe he plagiarized. What got into him? とすれば、「彼が盗作をしたなんて信じられない。何があったんだろう？」という意味になり、例題と同じことを伝えます。

【解答例】 彼の盗作は、魔がさした結果だろう。

His plagiarism is the result of his own evil intentions.

He had something evil on his mind, and that's why he plagiarized.

1　彼は嘘をつく人ではないから、魔がさしたに違いない。
2　つい魔がさして、個人情報を盗んでしまった。

■1 「**彼は嘘をつく人ではない**」は、そのまま He's not a liar で OK です。「**魔がさしたに違いない**」は 198 ページで紹介した句動詞 get into ... で表現する something must have gotten into him が決まり文句です。直訳は「何かが彼に取りついたに違いない」ですが、「**どうかしたに違いない**」 ➡ 「**魔がさしたに違いない**」と解釈できます。

【解答例】　彼は嘘をつく人ではないから、魔がさしたに違いない。
He's not a liar, so something must have gotten into him.

■2 「**つい魔がさして**」は「何か悪いものが彼に取りついた」と解釈して Something got into him. とすれば、「何かが彼に取りついた」 ➡ 「**つい（彼に）魔がさして**」という意味を伝えることができます。
「**個人情報を盗む**」は、steal private data ですから、「彼は個人情報を盗んでしまった」と主語を補えば、he stole private data です。
　以上 2 つの文をあわせれば、Something got into him and he stole the private data. となります。
　これも He gave into the temptation and stole the private data.（誘惑に**負けて、個人情報を盗んでしまった**）などと言い換えることが可能です。

【解答例】　つい魔がさして、個人情報を盗んでしまった。
Something got into him and he stole the private data.

---

100 | 恩

「ご恩に報いるため、頑張ります」

「恩」は、人から与えられた恵みや慈しみの気持ちを表す言葉ですね。

「ご恩に報いる」は、いかにも日本語らしい言い方ですが、動詞の owe には同様の意味があります。I owe you a lot. で「あなたには大変恩がある」です。「報いる」は「人からされたことに、見合うだけのことをして返す」ということで、**借りを返す**ことでしょうから、pay back もしくは repay で表現できます。

「頑張ります」は**「最善を尽くす」**（I'll do my best）ことですから、これらを続けて、I owe you a lot, so I'll do my best to pay you back. （**あなたには大変恩があるので、報いるために最善を尽くします➡ご恩に報いるため、頑張ります**）とすれば、思いをうまく表現できます。

I'll do my best を I want to do my best と言い換えて、**I want to do my best to repay you for everything you've done for me.（あなたがしてくれたさまざまなことに報いるため）**とすることもできます。

owe や repay は、感謝の気持ちを表す際によく使われる動詞です。

I owe everything to you.（あなたのおかげです）／ I owe you my life. （あなたは命の恩人です）／ I can't repay you for all your kindness. （ご恩にとても報いることができません）などの定番表現も、ぜひ覚えておきましょう。

【解答例】 ご恩に報いるため、頑張ります。

I owe you a lot, so I'll do my best to pay you back.

I want to do my best to repay you for everything you've done for me.

▶▶英語にしてみよう
1　いつかご恩返しさせてください。
2　（あなたの）お力添え、一生恩に着ます。

1　pay back を使って、I'll pay you back someday. だけでもいいです
が、promise（約束します）を用いることで、より強く意志を伝えることが
できます。I promise（〜します）をつけ、I promise I'll pay you back
someday. で「いつかあなたに恩返しすると約束します」➡「いつかご恩返
しさせてください」と固い決意を表明できます。

> 【解答例】　いつかご恩返しさせてください。
> I promise I'll pay you back someday.

2　「（あなたの）お力添え」は、「あなたが私にしてくれたこと」なので、
what you did for me です。「一生恩に着ます」は「決して忘れない」とい
うことでしょうから、I'll never forget. と言えます。この2つをつなげて、
I'll never forget what you did for me. で「あなたが私にしてくれたことを
決して忘れません」➡「お力添え、一生恩に着ます」と表現できます。
　厚く御礼する際の定番表現、I can't thank you enough for this.（お礼し
てもしきれません）も使えます。Thank you for this. は人が何かしてくれた
ことに対して「（これ）ありがとう」とお礼を言う言葉です。I owe you one.
とあわせて使い、Thank you for this, I owe you one.（ありがとう、恩に着
ます）とすることもできます。

> 【解答例】　（あなたの）お力添え、一生恩に着ます。
> I'll never forget what you did for me.

101 | 目からうろこが落ちる

「先生からの一言で、目からうろこが落ちた」

「目からうろこ（鱗）が落ちる」とは、何らかのきっかけで突然、周りの状況や真実が理解できるようになることを言うと思います。

　意外かもしれませんが、同様の表現が英語にもあります。scales fall from one's eyes です。scale には「規模」や「基準、物差し」の他に、「うろこ」という意味があり、ほぼ直訳で「目からうろこが落ちる」となります。

　というのも元は聖書で、後にイエスの信者となるパウロが、イエスの教えに目覚める瞬間を描写した表現が語源となっているからです。光で目が見えなくなったパウロが祈りを捧げていると目からうろこのようなものが落ち、元通り目が見えるようになったという話が元になっています。

　そのため the scales fall from one's eyes が使えるのはもちろんのこと、open one's eyes（目を覚ます）や、an eye-opening ...（目が覚めるような〜）を使うことも可能です。

　シンプルな言い方にするなら、something the teacher said（先生が言ったこと）を主語にして、made the scales fall from my eyes と続けます。

　あるいは、The teacher said something and that really opened my eyes.（先生が言ったことが、本当に私の目を覚ました）などとしてもいいでしょう。

【解答例】 先生からの一言で、目からうろこが落ちた。

Something the teacher said made the scales fall from my eyes.
The teacher said something and that really opened my eyes.

▶▶英語にしてみよう

1 その本を読んだら長年の悩みが解消し、目からうろこが落ちる思いだ。

2 目からうろこが落ちるような助言を上司からもらった。

1 応用表現の「目からうろこが落ちる思いだ」もよく使う言葉です。これは「目からうろこが落ちる経験だ」と考え、It was an eye-opening experience. とすると、すっきり表現できます。

あとは言葉のまま、「その本を読んだら」は When I read that book とし、「長年の悩みが解消し（た）」は a problem I had for several years was solved とすれば OK です。

【解答例】 その本を読んだら長年の悩みが解消し、目からうろこが落ちる思いだ。

When I read that book, a problem I had for several years was solved. It was an eye-opening experience.

2 日本語は受動態ですが、能動態で表現した方がスッキリ英訳できます。

「上司が目からうろこが落ちるような助言をくれた」と言い換えれば、My boss gave me some advice that made the scales fall from my eyes. と、これまでの表現を使って表現できます。

とはいえ、scale（うろこ）という単語はあまり知られていないと思います。日本語と英語の慣用表現が同じという例は滅多にないですから、scales fall from one's eyes（目からうろこが落ちる）という表現はそのまま覚えておきましょう。

【解答例】 目からうろこが落ちるような助言を上司からもらった。

My boss gave me some advice that made the scales fall from my eyes.

■索引■

※あいうえお順

著者紹介

デイビッド・セイン（David A. Thayne）

　1959 年アメリカ生まれ。証券会社勤務を経て、来日。豊富な教授経験を活かし、現在までに 300 冊以上、累計 400 万部を超える著作を刊行している。日本で 40 年近くにおよぶ豊富な英語教授経験を持ち、これまで数万人の日本人を指導してきた。英会話学校経営、翻訳、英語書籍・教材制作などを行なう AtoZ English（www.atozenglish.jp）の代表も務める。

　著書に、『ネイティブが教える　英語の副詞の使い方』『ネイティブが教える　英語の時制の使い分け』『ネイティブが教える　ほんとうの英語の前置詞の使い方』『ネイティブが教える　英語の句動詞の使い方』『ネイティブが教える　ほんとうの英語の助動詞の使い方』『ネイティブが教える　英語の形容詞の使い分け』『ネイティブが教える　ほんとうの英語の冠詞の使い方』『ネイティブが教える　英語の動詞の使い分け』『ネイティブが教える 英語の語法とライティング』（研究社）、『超速で覚える！いますぐ使える！ [決定版] 英会話「1 日 1 パターン」レッスン』（PHP 研究所）など多数。

● 執筆協力 ●
古正佳緒里

●編集協力●
滝野沢友理／望月羔子

●写真●
TETSUYA YASUKOCHI

ネイティブが教える
英語になりにくい日本語101

101 Very Japanese Japanese Expressions in English

● 2023 年 3 月 31 日　初版発行

●著者●

デイビッド・セイン

Copyright © 2023 by AtoZ English

発行者　●　吉田尚志
発行所　●　株式会社　研究社
〒 102-8152　東京都千代田区富士見 2-11-3
電話　営業 03-3288-7777（代）　編集 03-3288-7711（代）
振替　00150-9-26710
https://www.kenkyusha.co.jp/

KENKYUSHA

装丁　●　久保和正
組版・レイアウト　●　渾天堂
印刷所　●　図書印刷株式会社

ISBN 978-4-327-45313-8 C0082　Printed in Japan